p. dc 13. p.

Y. 5613. F Réserve.

Y. 3368.
II.

Yf   3914

MITHRIDATE

TRAGEDIE.

PAR Mʀ RACINE.

A PARIS,

Chez CLAVDE BARBIN, au Palais, sur
le second Perron de la Sainte Chapelle.

M. DC. LXXIII.
AVEC PRIVILEGE DV ROY.

PREFACE.

IL n'y a gueres de nom plus connu que celuy de Mithridate. Sa vie & sa mort font une partie considerable de l'Histoire Romaine. Et sans conter les victoires qu'il a remportées, on peut dire que ses seules défaites ont fait presque toute la gloire de trois des plus grands Capitaines de la Republique. Ainsi ie ne pense

PREFACE.

pas qu'il soit besoin de citer icy mes Auteurs. Car excepté quelque éuenement que i'ay vn peu approché par le droit que donne la Poësie, tout le monde reconnoistra aisément que i'ay suiuy l'Histoire auec beaucoup de fidelité. La seule chose qui pourroit n'estre pas aussi connuë que le reste, c'est le dessein que ie fay prendre à Mithridate de passer dans l'Italie. Comme ce dessein m'a fourny vne des Scenes, qui ont le plus réüssi dans ma Tragedie, ie croy que le plaisir du Lecteur pourra redou-

PREFACE.

bler, quand il verra que presque tous les Historiens ont dit ce que ie fay dire icy à Mithridate.

Florus, Plutarque & Dion Cassius nomment les Pays par où il deuoit passer. Appien d'Alexandrie entre plus dans le détail. Et apres auoir marqué les facilitez & les secours que Mithridate esperoit trouuer dans sa marche; Il ajoûte que ce Projet fut le prétexte dont Pharnace se seruit pour reuolter toute l'Armée, & que les Soldats effrayez de l'entreprise de son Pere, la regarde-

PREFACE.

rent comme le desespoir d'vn Prince qui ne cherchoit qu'à perir auec éclat.

Ainsi elle fut en partie cause de sa Mort, qui est l'action de ma Tragédie. I'ay encore lié ce dessein de plus prés à mon sujet, & ie m'en suis seruy pour faire connoistre à Mithridate les secrets sentimens de ses deux Fils. On ne peut prendre trop de précaution pour ne rien mettre sur le Theatre qui ne soit tres-necessaire. Et les plus belles Scenes sont en danger d'ennuyer, du moment qu'on les peut separer de l'A-

PREFACE.

ction, & qu'elles l'interrompent au lieu de la conduire vers sa fin.

EXTRAIT DV PRIVILEGE du Roy.

PAr Grace & Priuilege du Roy en datte du deuxiéme Mars 1673. signé DESVIEVX : Il est permis au Sieur RACINE de faire imprimer, vendre & debiter par tel Libraire ou Imprimeur qu'il aura choisi, vne Piece de Theatre par luy composée, intitulée *Mithridate, Tragedie* : & ce pendant le temps & espace de dix années, auec défense à toutes personnes de quelque qualité ou condition qu'elles soient, d'en vendre ny debiter aucun exemplaire, que de ceux qui auront esté imprimez de son consentement, à peine de six mil liures, confiscation des exemplaires contrefaits, & autres peines portées par ledit Priuilege.

Ledit Sieur RACINE a cedé le droit dudit Priuilege à CLAVDE BARBIN, pour en jouyr suiuant le contenu en iceluy.

Regiſtré ſur le Liure des Marchands Libraires & Imprimeurs de Paris, ſuiuant & conformement à l'Arreſt du Parlement de Paris du huitiéme Avril 1653. & celuy du Conſeil Priué du Roy, du 27. Fevrier 1665. le 16. Mars 1673.
Signé D. THIERRY, Syndic.

Acheuée d'imprimer le 16. Mars 1673.

ACTEVRS.

MITHRIDATE Roy de Pont, & de quantité d'autres Royaumes.

MONIME accordée auec Mithridate, & déja declarée Reine.

PHARNACE
XIPHARES } Fils de Mithridate, mais de differentes meres.

ARBATE Confident de Mithridate, & Gouuerneur de la Place de Nymphée.

PHOEDIME Confidente de Monime.

ARCAS Domestique de Mithridate.

Gardes.

La Scene est à Nymphée, port de Mer dans le Bosphore Cimmerien, autrement dit la Taurique Chersonese.

MITHRIDATE,

MITHRIDATE,
TRAGEDIE.

ACTE PREMIER.
SCENE PREMIERE.
XIPHARES, ARBATE.

XIPHARES.

ON nous faisoit, Arbate, vn fidelle rapport.
Rome en effet triomphe, & Mithridate est mort.
Les Romains vers l'Euphrate ont attaqué mon Pere,
Et trompé dans la nuit sa prudence ordinaire.
Apres vn long combat tout son Camp dispersé
Dans la foule des morts en fuyant l'a laissé.
Et j'ay sceû qu'vn Soldat dans les mains de Pompée
Auec son Diadême a remis son Espée.

A

Ainſi ce Roy, qui ſeul a durant quarante ans
Laſſé tout ce que Rome eut de Chefs importans,
Et qui dans l'Orient balançant la fortune
Vangeoit de tous les Rois la querelle commune,
Meurt, & laiſſe apres luy pour vanger ſon trépas,
Deux Fils infortunez qui ne s'accordent pas.

ARBATE.

Vous, Seigneur ! Quoy l'amour de regner en ſa place
Rend déja Xiphares ennemy de Pharnace ?

XIPHARES.

Non, je ne prétens point, cher Arbate, à ce prix
D'vn malheureux Empire acheter le débris.
Ie ſçais en luy des ans reſpecter l'auantage.
Et content des Eſtats marquez pour mon partage,
Ie verray ſans regret tomber entre ſes mains
Tout ce que luy promet l'amitié des Romains.

ARBATE.

L'amitié des Romains ? Le Fils de Mithridate,
Seigneur ? Eſt-il bien vray ?

XIPHARES.

    N'en doute point, Arbate.
Pharnace dés long-temps tout Romain dans le cœur
Attend tout maintenant de Rome, & du Vainqueur.
Et moy plus que jamais à mon Pere fidelle
Ie conſerue aux Romains vne haine immortelle.
Cependant & ma haine, & ſes prétentions
Sont les moindres ſujets de nos diuiſions.

ARBATE.

Et quel autre intereſt contre luy vous anime ?

TRAGEDIE.

XIPHARES.
Ie m'en vais t'eſtonner. Cette belle Monime
Qui du Roy noſtre Pere attira tous les vœux,
Dont Pharnace apres luy ſe declare amoureux...

ARBATE.
Hé bien, Seigneur?

XIPHARES.
     Ie l'aime, & ne veux plus m'en taire
Puis qu'enfin pour Riual je n'ay plus que mon Frere.
Tu ne t'attendois pas ſans doute à ce diſcours.
Mais ce n'eſt point, Arbate, vn ſecret de deux jours.
Cet amour s'eſt long-temps accrû dans le ſilence.
Que n'en puis-je à tes yeux marquer la violence,
Et mes premiers ſoûpirs & mes derniers ennuis?
Mais en l'eſtat funeſte où nous ſommes reduits,
Ce n'eſt guere le temps d'occuper ma memoire
A rappeller le cours d'vne amoureuſe hiſtoire.
Qu'il te ſuffiſe donc, pour me juſtifier,
Que je vis, que j'aimay la Reine le premier,
Que mon Pere ignoroit juſqu'au nom de Monime,
Quand je conceûs pour elle vn amour legitime.
Il la vit. Mais au lieu d'offrir à ſes beautez
Vn Hymen, & des vœux dignes d'eſtre écoutez;
Il crut que ſans prétendre vne plus haute gloire,
Elle luy cederoit vne indigne victoire.
Tu ſçais par quels efforts il tenta ſa vertu,
Et que laſſé d'auoir vainement combattu,
Abſent, mais toûjours plein de ſon amour extréme,
Il luy fit par tes mains porter ſon Diadême.
Iuge de mes douleurs, quand des bruits trop certains
M'annoncerent du Roy l'amour, & les deſſeins,

A ij

Quand je sceûs qu'à son lit Monime reseruée
Auoit pris auec toy le chemin de Nymphée.
   Helas ! j'appris encor dans ce temps odieux,
Qu'aux offres des Romains ma Mere ouurit les yeux,
Ou pour vanger sa foy par cet hymen trompée,
Ou ménageant pour moy la faueur de Pompée,
Elle trahit mon Pere, & rendit aux Romains
La Place, & les Tresors confiez en ses mains.
Quel deuins-je au recit du crime de ma Mere !
Ie ne regarday plus mon Riual dans mon Pere.
I'oubliay mon amour par le sien trauersé.
Ie n'eus deuant les yeux que mon Pere offensé.
I'attaquay les Romains, & ma Mere esperduë
Me vit, en reprenant cette Place renduë,
A mille coups mortels contre-eux me déuoüer,
Et chercher en mourant à la desauoüer.
L'Euxin depuis ce temps fut libre, & l'est encore.
Et des Riues de Pont, aux Riues du Bosphore
Tout reconnut mon Pere, & ses heureux Vaisseaux
N'eurent plus d'Ennemis que les Vents & les Eaux.
Ie voulois faire plus. Ie prétendois, Arbate,
Moy-mesme à son secours m'auâcer vers l'Euphrate.
Ie fus soudain frappé du bruit de son trépas.
Au milieu de mes pleurs, je ne le cele pas,
Monime, qu'en tes mains mon Pere auoit laissée,
Auec tous ses attraits reuint en ma pensée.
Que dis-je ? En ce malheur je tréblay pour ses jours.
Ie redoutay du Roy les cruelles amours.
Tu sçais combien de fois ses jalouses tendresses
Ont pris soin d'assurer la mort de ses Maistresses.
Ie volay vers Nymphée. Et mes tristes regards
Virent d'abord Pharnace au pié de ses Rempars.
I'en conceûs, je l'auoüe, vn présage funeste.
Tu nous receûs tous deux, & tu sçais tout le reste.

TRAGEDIE.

Pharnace en ses desseins toûjours impetueux
Ne dissimula point ses vœux présomptueux.
De mon Pere à la Reine il conta la disgrace,
L'assura de sa mort, & s'offrit en sa place.
Comme il le dit, Arbate, il veut l'executer.
Mais enfin à mon tour je prétens éclater.
Autant que mon amour respecta la puissance
D'vn Pere, a qui je fus déuoüé dés l'Enfance,
Autant ce mesme amour maintenant reuolté
De ce nouueau Riual braue l'autorité.
Ou Monime à ma flamme elle-mesme contraire
Condannera l'aueu que je prétens luy faire,
Ou bien quelques malheurs qu'il en puisse auenir
Ce n'est que par ma mort qu'on la peut obtenir.
Voila tous les secrets que je voulois t'apprendre.
C'est à toy de choisir quel party tu dois prendre,
Qui des deux te paroist plus digne de ta foy,
L'Esclaue des Romains, ou le Fils de ton Roy.
Fier de leur amitié Pharnace croit peut-estre
Commander dans Nymphée & me parler en Maistre.
Mais icy mon pouuoir ne connoist point le sien.
Le Pont est son partage, & Colchos est le mien.
Et l'on sçait que toûjours la Colchide & ses Princes
Ont conté ce Bosphore au rang de leurs Prouinces.

ARBATE.

Commandez-moy, Seigneur. Si j'ay quelque pouuoir
Mon choix est déja fait, je feray mon deuoir.
Auec le mesme zele, auec la mesme audace
Que je seruois le Pere, & gardois cette Place,
Et contre vostre Frere, & mesme contre vous ;
Apres la mort du Roy je vous sers contre tous.
Sans vous ne sçay-je pas que ma mort assurée
De Pharnace en ces lieux alloit suiure l'entrée ?

Sçay-je pas que mon sang par ses mains répandu
Eust soüillé ce rampart contre luy défendu.
Assurez-vous du cœur & du choix de la Reine.
Du reste, ou mõ credit n'est plus qu'vne ombre vaine,
Ou Pharnace laissant le Bosphore en vos mains,
Ira joüir ailleurs des bontez des Romains.

XIPHARES.

Que ne deuray-je point à cette ardeur extréme ?
Mais on vient. Cours, amy, c'est la Reine elle-mesme.

SCENE II.

MONIME, XIPHARES.

MONIME.

SEigneur, je viens à vous. Car enfin aujourd'huy,
Si vous m'abandonnez, quel sera mon appuy ?
Sans Parens, sans Amis, desolée, & craintiue,
Reine long-temps de nom, mais en effet Captiue,
Et Veuue maintenant sans auoir eû d'Espoux,
Seigneur, de mes malheurs ce sont là les plus doux.
Ie tremble à vous nommer l'Ennemy qui m'opprime.
I'espere toutefois qu'vn Cœur si magnanime
Ne sacrifiera point les pleurs des Malheureux
Aux interests du sang qui vous vnit tous deux.
Vous deuez à ces mots reconnoistre Pharnace.
C'est luy, Seigneur, c'est luy, dont la coupable audace

TRAGEDIE.

Veut la force à la main m'attacher à son sort
Par vn hymen pour moy plus cruel que la mort.
Sous quel Astre ennemy faut-il que je sois née?
Au joug d'vn autre hymen sans amour destinée,
A peine je suis libre, & gouste quelque paix,
Qu'il faut que je me liure à tout ce que je hais.
Peut-estre je deurois plus humble en ma misere
Me souuenir du moins que je parle à son Frere.
Mais soit raison, destin, soit que ma haine en luy
Confonde les Romains dont il cherche l'appuy,
Iamais Hymen formé sous le plus noir auspice
De l'Hymen que je crains n'égala le supplice.
Et si Monime en pleurs ne vous peut émouuoir,
Si je n'ay plus pour moy que mon seul desespoir;
Au pied du mesme Autel, où je suis attenduë,
Seigneur, vous me verrez à moy-mesme renduë
Percer ce triste cœur qu'on veut tyranniser,
Et dont jamais encor je n'ay pû disposer.

XIPHARES.

Madame, assurez-vous de mon obeïssance;
Vous auez dans ces lieux vne entiere puissance.
Pharnace ira, s'il veut, se faire craindre ailleurs.
Mais vous ne sçauez pas encor tous vos malheurs.

MONIME.

Hé quel nouueau malheur peut affliger Monime,
Seigneur?

XIPHARES.

Si vous aimer c'est faire vn si grand crime,
Pharnace n'en est pas seul coupable aujourd'huy.
Et je suis mille fois plus criminel que luy.

MITHRIDATE,

MONIME.

Vous?

XIPHARES.

Mettez ce malheur au rang des plus funestes,
Attestez, s'il le faut, les puissances célestes
Contre vn sang malheureux, né pour vous tourméter,
Pere, Enfans animez à vous persecuter.
Mais auec quelque ennuy que vous puissiez apprédre
Cet amour criminel qui vient de vous surprendre,
Iamais tous vos malheurs ne sçauroient approcher
Des maux que j'ay soufferts en le voulant cacher.
Ne croyez point pourtant que semblable à Pharnace
Ie vous serue aujourd'huy pour me mettre en sa place.
Vous voulez estre à vous, j'en ay donné ma foy,
Et vous ne dépendrez ny de luy, ny de moy.
Mais quand je vous auray plainement satisfaite,
En quels lieux auez-vous choisi vostre retraite?
Sera-ce loin, Madame, ou prés de mes Estats?
Me sera-t'il permis d'y conduire vos pas?
Verrez-vous d'vn mesme œil le crime & l'innocence?
En fuyant mon Riual fuirez-vous ma présence?
Pour prix d'auoir si bien secondé vos souhaits,
Faudra-t'il me resoudre à ne vous voir jamais?

MONIME.

Ah que m'apprenez-vous?

XIPHARES.

Hé quoy, belle Monime?
Si le temps peut donner quelque droit legitime,
Faut-il vous dire icy que le premier de tous
Ie vous vy, je formay le dessein d'estre à vous,

TRAGEDIE.

Quand vos charmes naiſſans inconnus à mon Pere,
N'auoient encor paru qu'aux yeux de voſtre Mere ?
Ah ſi par mon deuoir forcé de vous quitter
Tout mon amour alors ne put pas éclatter,
Ne vous ſouuient-il plus, ſans conter tout le reſte,
Combien je me plaignis de ce deuoir funeſte ?
Ne vous ſouuient-il plus, en quittant vos beaux yeux,
Quelle viue douleur attendrit mes adieux ?
Ie m'en ſouuiens tout ſeul. Auoüez-le, Madame,
Ie vous rappelle vn ſonge effacé de voſtre ame.
Tandis que loin de vous, ſans eſpoir de retour,
Ie nourriſſois encore vn malheureux amour,
Contente & reſoluë à l'hymen de mon Pere,
Tous les malheurs du Fils ne vous occupoient guere.

MONIME.

Helas !

XIPHARES.

Auez-vous plaint vn moment mes ennuis ?

MONIME.

Prince.... N'abuſez point de l'eſtat où je ſuis.

XIPHARES.

En abuſer ! O Ciel ! Quand je cours vous défendre,
Sans vous demander rien, ſans oſer rien prétendre.
Que vous diray-je enfin ? Lors que je vous promets
De vous mettre en eſtat de ne me voir jamais.

MONIME.

C'eſt me promettre plus que vous ne ſçauriez faire.

XIPHARES.

Quoy malgré mes ſermens vous croyez le contraire ?

MITHRIDATE,

Vous croyez qu'abusant de mon autorité,
Ie prétens attenter à vostre liberté ?
On viét, Madame, on vient. Expliquez-vous de grace,
Vn mot.

MONIME.

Défendez-moy des fureurs de Pharnace.
Pour me faire, Seigneur, consentir à vous voir,
Vous n'aurez pas besoin d'vn injuste pouuoir.

XIPHARES.

Ah Madame...

MONIME.

Seigneur, vous voyez vostre Frere.

SCENE III.

MONIME, PHARNACE, XIPHARES.

PHARNACE.

Iusques à quãd, Madame, attendrez-vous mon Pere ?
Des témoins de sa mort viennent à tous momens
Condanner vostre doute & vos retardemens.
Venez, fuyez l'aspect de ce Climat sauuage,
Qui ne parle à vos yeux que d'vn triste esclauage.
Vn peuple obeïssant vous attend à genoux
Sous vn Ciel plus heureux & plus digne de vous.

TRAGEDIE.

Le Pont vous recônoiſt dés long-téps pour ſa Reine
Vous en portez encor la marque ſouueraine.
Et ce bandeau Royal fut mis ſur voſtre front
Comme vn gage aſſuré de l'Empire de Pont.
Maiſtre de cet Eſtat que mon Pere me laiſſe,
Madame, c'eſt à moy d'accomplir ſa promeſſe.
Mais il faut, croyez-moy, ſans attendre plus tard,
Ainſi que noſtre hymen preſſer noſtre départ.
Nos intereſts communs, & mon cœur le demandent.
Preſts à vous receuoir mes vaiſſeaux vous attendent,
Et du pié de l'Autel vous y pouuez monter,
Souueraine des Mers, qui vous doiuent porter.

MONIME.

Seigneur, tant de bontez ont lieu de me confondre.
Mais puiſque le temps preſſe, & qu'il faut vous ré‑
    pondre ;
Puis-je en vous propoſant mes plus chers intereſts,
Vous découurir icy mes ſentiments ſecrets ?

PHARNACE.

Vous pouuez tout.

MONIME.

    Ie croy que je vous ſuis connuë.
Epheſe eſt mon pays. Mais je ſuis deſcenduë
D'Ayeux, ou Rois, Seigneur, ou Heros, qu'autrefois
Leur vertu chez les Grecs mit au deſſus des Rois.
Mithridate me vit. Epheſe & l'Ionie
A ſon heureux Empire eſtoit encore vnie.
Il daigna m'enuoyer ce Gage de ſa foy.
Ce fut pour ma famille vne ſuprême loy.
Il falut obeïr. Eſclaue couronnée
Ie partis pour l'Hymen où j'eſtois deſtinée.

Le Roy qui m'attendoit au sein de ses Estats,
Vit emporter ailleurs ses desseins & ses pas,
Et tandis que la Guerre occupoit son courage
M'enuoya dans ces lieux esloignez de l'orage.
I'y vins. I'y suis encor. Mais cependant, Seigneur,
Mon Pere paya cher ce dangereux honneur,
Et les Romains vainqueurs pour premiere Victime
Prirent Philopœmen le Pere de Monime.
Sous ce titre funeste il se vit immoler.
Et c'est dequoy, Seigneur, j'ay voulu vous parler.
Quelque juste fureur dont je sois animée,
Ie ne puis point à Rome opposer vne Armée.
Inutile témoin de tous ses attentats,
Ie n'ay pour me vanger ny Sceptre, ny soldats. [faire
Seigneur, je n'ay qu'vn cœur. Tout ce que je puis
C'est de garder la foy que je dois à mon Pere,
De ne point dans son sang aller tremper mes mains,
En épousant en vous l'Allié des Romains.

PHARNACE.

Que parlez-vous de Rome, & de son Alliance ?
Pourquoy tout ce discours & cette défiance ?
Qui vous dit qu'auec eux je prétens m'allier ?

MONIME.

Mais vous-mesme, Seigneur, pouuez-vous le nier ?
Comment m'offririez-vous l'entrée & la Couronne
D'vn Pays que la Guerre, & leur Camp enuironne,
Si le traité secret qui vous lie aux Romains
Ne vous en assuroit l'Empire & les chemins ?

PHARNACE.

De mes intentions je pourrois vous instruire,
Et je sçay les raisons que j'aurois à vous dire,

TRAGEDIE.

Si vous mesme laissant ces vains déguisemens
Vous m'auiez expliqué vos propres sentimens.
Mais enfin je commence apres tant de trauerses,
Madame, a rassembler vos excuses diuerses,
Ie croy voir l'interest que vous voulez celer,
Et qu'vn autre qu'vn Pere icy vous fait parler.

XIPHARES.

Quel que soit l'interest qui fait parler la Reine,
La réponse, Seigneur, doit-elle estre incertaine ?
Et contre les Romains vostre ressentiment
Doit-il pour éclatter balancer vn moment?
Quoy nous aurons d'vn Pere entendu la disgrace?
Et lents à le vanger, promts à remplir sa place,
Nous mettrons nostre honneur & son sang en oubly?
Il est mort. Sçauons-nous s'il est enseuely?
Qui sçait si dans le temps que vostre ame empressée
Forme d'vn doux hymen l'agreable pensée;
Ce Roy, que l'Orient tout plein de ses exploits
Peut nommer justement le dernier de ses Rois,
Dans ses propres Estats priué de sepulture
Ou couché sans honneur dans vne foule obscure,
N'accuse point le Ciel qui le laisse outrager,
Et des indignes Fils qui n'osent le vanger?
Ah ! Ne languissons plus dans vn coin du Bosphore.
Si dans tout l'Vniuers quelque Roy libre encore,
Parthe, Scythe, ou Sarmate, aime sa liberté,
Voilà nos Alliez. Marchons de ce costé.
Viuons, ou perissons dignes de Mithridate,
Et songeons bien plûtost, quelque amour qui nous flate,
A défendre du joug & nous & nos Estats,
Qu'à contraindre des cœurs qui ne se donnent pas.

MITHRIDATE,

PHARNACE

Il sçait vos sentimens. Me trompois-je, Madame ?
Voilà cet interest si puissant sur vostre ame,
Ce Pere, ces Romains que vous me reprochez.

XIPHARES.

J'ignore de son cœur les sentimens cachez.
Mais je m'y soûmettrois, sans vouloir rien pretédre,
Si comme vous, Seigneur, je croyois les entendre.

PHARNACE.

Vous feriez bien, & moy je say ce que je doy.
Vostre exemple n'est pas vne regle pour moy.

XIPHARES.

Toutefois en ces lieux je ne connoy personne,
Qui ne doiue imiter l'exemple que je donne.

PHARNACE.

Vous pourriez à Colchos vous expliquer ainsi.

XIPHARES.

Ie le puis à Colchos, & je le puis icy.

PHARNACE.

Icy ? Vous y pourriez rencontrer vostre perte...

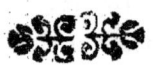

TRAGEDIE.

SCENE IV.

MONIME, PHARNACE, XIPHARES, PHOEDIME.

PHOEDIME.

PRinces, toute la Mer est de vaisseaux couverte,
Et bien-tost démentant le faux bruit de sa mort
Mithridate luy-mesme arriue dans le Port.

MONIME.

Mithridate !

XIPHARES.

Mon Pere !

PHARNACE.

Ah ! Que viens-je d'entendre ?

PHOEDIME.

Quelques Vaisseaux legers sont venus nous l'appren-
C'est luy-mesme. Et déja pressé de son deuoir [dre,
Arbate loin du bord l'est allé receuoir.

XIPHARES.

Qu'auons-nous fait !

MONIME à Xiphares.

Adieu, Prince. Quelle nouuelle !

MITHRIDATE,

SCENE V.
PHARNACE, XIPHARES.
PHARNACE.

Mithridate reuient ? Ah ! Fortune cruelle !
Ma vie, & mõ amour tous deux courét hazard,
Les Romains que j'attens arriueront trop tard.
Xi- Comment faire! * I'entens que voſtre cœur ſoûpire,
phares Et j'ay conceû l'Adieu qu'elle vient de vous dire.
Mais nous en parlerons peut-eſtre en d'autres temps.
Nous auons aujourd'huy des ſoins plus importans.
Mithridate reuient, peut eſtre inexorable.
Plus il eſt malheureux, plus il eſt redoutable.
Le peril eſt preſſant plus que vous ne penſez.
Nous ſommes criminels, & vous le connoiſſez.
Rarement l'amitié deſarme ſa colere.
Ses propres Fils n'ont point de Iuge plus ſeuere.
Et nous l'auons veû meſme à ſes cruels ſoupçons
Sacrifier deux Fils pour de moindres raiſons.
Craignons pour vous, pour moy, pour la Reine elle-
   meſme.
Ie la plains, d'autant plus que Mithridate l'aime,
Amant auec tranſport, mais jaloux ſans retour
Sa haine va toûjours plus loin que ſon amour.
Ne vous aſſurez point ſur l'amour qu'il vous porte.
Sa jalouſe fureur n'en ſera que plus forte.
Songez-y. Vous auez la faueur des ſoldats,
Et j'auray des ſecours que je n'explique pas.

M'en

TRAGEDIE. 17

M'en croirez-vous ? Courons assurer nostre grace.
Rendons-nous vous & moy maistres de cette Place;
Et faisons qu'à ses Fils il ne puisse dicter,
Que les conditions qu'ils voudront accepter.

XIPHARES.

Ie sçay quel est mon crime, & je connoy mon Pere,
Et j'ay par-dessus vous le crime de ma Mere.
Mais quelque amour encor qui me pust éblouïr,
Quand mon Pere paroist je ne sçay qu'obeïr.

PHARNACE.

Soyons-nous donc au moins fidelles l'vn à l'autre;
Vous sçauez mon secret, j'ay penetré le vostre.
Le Roy toûjours fertile en dangereux détours
S'armera contre nous de nos moindres discours.
Vous sçauez sa coûtume, & sous quelles tendresses
Sa haine sçait cacher ses trompeuses adresses.
Allons. Puis qu'il le faut je marche sur vos pas,
Mais en obeïssant ne nous trahissons pas.

Fin du premier Acte.

B

ACTE II.

SCENE PREMIERE.
MONIME, PHOEDIME.

PHOEDIME.

Voy vous estes icy, quand Mithridate arriue,
Quand pour le receuoir chacun court sur la riue ?
Que faites-vous, Madame ? Et quel ressouuenir
Tout à coup vous arreste, & vous fait reuenir ?
N'offenserez-vous point vn Roy qui vous adore,
Qui presque vostre Espoux...

MONIME.

Il ne l'est pas encore,
Phœdime, & jusques là je croy que mon deuoir
Est de l'attendre icy, sans l'aller receuoir.

PHOEDIME.

Mais ce n'est point, Madame, vn Amant ordinaire,
Songez qu'à ce grand Roy promise par vn Pere,

TRAGEDIE.

Vous auez de ses feux vn gage solennel,
Qu'il peut quand il voudra, confirmer à l'Autel.
Croyez-moy, monstrez-vous, venez à sa rencontre.

MONIME.

Regarde en quel estat tu veux que ie me monstre.
Voy ce visage en pleurs, & loin de le chercher,
Dy-moy plûtost, dy-moy que je m'aille cacher.

PHOEDIME.

Que dites-vous ? ô dieux !

MONIME.

     Ah retour qui me tuë !
Malheureuse ! Comment paroistray-je à sa veuë,
Son diadême au front, & dans le fonds du cœur,
Phœdime... Tu m'entens, & tu vois ma rougeur.

PHOEDIME.

Ainsi vous retombez dans les mesmes allarmes
Qui vous ont dans la Grece arraché tant de larmes ?
Et toûjours Xiphares reuient vous trauerser ?

MONIME.

Mon malheur est plus grand que tu ne peus penser.
Xiphares ne s'offroit alors à ma memoire,
Que tout plein de vertus, que tout brillant de gloire.
Et je ne sçauois pas que pour moy plein de feux
Xiphares des mortels fust le plus amoureux.

PHOEDIME.

Il vous aime, Madame ! Et ce Heros aimable...

MONIME.

Est aussi malheureux que je suis miserable.

B ij

Il m'adore Phœdime, & les mesmes douleurs
Qui m'affligeoient icy le tourmentoient ailleurs.

PHOEDIME.

Sçait-il en sa faueur jusqu'où va vostre estime ?
Sçait-il que vous l'aimez ?

MONIME.

Il l'ignore Phœdime.
Les Dieux m'ont secouruë, & mon cœur affermy
N'a rien dit ou du moins n'a parlé qu'à demy.
Helas ! si tu sçauois, pour garder le silence,
Combien ce triste cœur s'est fait de violence !
Quels assauts, quels combats j'ay tantost soûtenus !
Phœdime, si je puis je ne le verray plus.
Malgré tous les efforts que je pourrois me faire,
Ie verrois ses douleurs, je ne pourrois me taire.
Il viendra, malgré moy, m'arracher cet aveu.
Mais n'importe, s'il m'aime il en jouïra peu.
Ie luy vendray si cher ce bonheur qu'il ignore,
Qu'il vaudroit mieux pour luy qu'il l'ignorât encore.

PHOEDIME.

On vient. Que faites-vous, Madame ?

MONIME.

Ie ne puis.
Ie ne paroistray point dans le trouble où je suis.

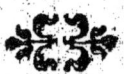

TRAGEDIE.

SCENE II.

MITHRIDATE, PHARNACE, XIPHARES, ARBATE, Gardes.

MITHRIDATE.

PRinces, quelques raifons que vous me puiffiez dire,
Voftre deuoir icy n'a point dû vous conduire,
Ny vous faire quitter en de fi grands befoins
Vous le Pont, vous Colchos, confiez à vos foins.
Mais vous auez pour juge vn Pere qui vous aime.
Vous auez crû des bruits que j'ay femez moy-mefme.
Ie vous crois innocens puifque vous le voulez.
Et je rens grace au Ciel qui nous a raffemblez.
Tout vaincu que je fuis, & voifin du naufrage,
Ie medite vn Deffein digne de mon courage.
Vous en ferez tantoft inftruits plus amplement.
Allez, & laiffez-moy repofer vn moment.

SCENE III.

MITHRIDATE, ARBATE.

MITHRIDATE.

ENfin apres vn an, tu me reuois, Arbate,
Non plus comme autrefois cet heureux Mithri-
  date,
Qui de Rome toûjours balançant le destin,
Tenois entre-elle & moy l'Vniuers incertain.
Ie suis vaincu. Pompée a saisi l'auantage
D'vne nuit, qui laissoit peu de place au courage.
Mes Soldats presque nuds dans l'ombre intimidez,
Les rangs de toutes parts mal pris, & mal gardez ;
Le desordre par tout redoublant les allarmes,
Nous-mesmes côtre nous tournãt nos propres armes,
Les cris, que les rochers renuoyoient plus affreux,
Enfin toute l'horreur d'vn combat tenebreux ;
Que pouuoit la valeur dans ce trouble funeste ?
Les vns sont morts, la fuite a sauué tout le reste.
Et je ne doy la vie en ce commun effroy,
Qu'au bruit de mon trépas que je laisse apres moy.
Quelque temps inconnu j'ay trauersé le Phase.
Et de là penetrant jusqu'au pié du Caucase,
Bien-tost dans des vaisseaux sur l'Euxin preparez
I'ay rejoint de mon Camp les restes separez.
Voilà par quels malheurs poussé dans le Bosphore
I'y trouue des malheurs qui m'attendoient encore.

TRAGEDIE.

Toûjours du mesme amour tu me vois enflammé.
Ce cœur nourry de sang, & de guerre affamé,
Malgré le faix des ans & du sort qui m'opprime
Traisne par tout l'amour qui l'attache à Monime,
Et n'a point d'ennemis, qui luy soient odieux,
Plus que deux Fils ingrats, que je trouue en ces lieux.

ARBATE.
Deux Fils, Seigneur?

MITHRIDATE.
    Ecoute. A trauers ma colere
Ie veux bien distinguer Xiphares de son Frere.
Ie sçay que de tout temps à mes ordres soûmis
Il hait autant que moy nos communs ennemis.
Et j'ay veu sa valeur à me plaire attachée
Iustifier pour luy ma tendresse cachée.
Ie sçay mesme, je sçais auec quel desespoir,
A tout autre interest preferant son deuoir,
Il courut démentir vne Mere infidelle
Et tira de son crime vne gloire nouuelle.
Et je ne puis encor, ny n'oserois penser
Que ce Fils si fidelle ait voulu m'offenser. [dre?
Mais tous deux en ces lieux que pouuoient-ils atten-
L'vn & l'autre à la Reine ont-ils osé prétendre?
Auec qui semble-t'elle en secret s'accorder?
Moy-mesme de quel œil dois-je icy l'aborder?
Parle. Quelque desir qui m'entraisne auprés d'elle,
Il me faut de leurs cœurs rendre vn conte fidelle.
Qu'est-ce qui s'est passé? Qu'as-tu veû? Que sçais-tu?
Depuis quel temps, pourquoy, commét t'es-tu rendu?

ARBATE.
Seigneur, depuis huit jours l'impatient Pharnace
Aborda le premier au pié de cette Place.

Et de vostre trépas autorisant le bruit
Dans ces murs aussi-tost voulut estre introduit.
Ie ne m'arrestay point à ce bruit temeraire,
Et je n'écoutois rien, si le Prince son Frere
Bien moins par ses discours, Seigneur, que par ses
   pleurs
Ne m'eust en arriuant confirmé vos malheurs.

MITHRIDATE.

Enfin que firent-ils ?

ARBATE.

          Pharnace entroit à peine
Qu'il courut de ses feux entretenir la Reine,
Et s'offrit d'assurer par vn hymen prochain
Le bandeau qu'elle auoit receû de vostre main.

MITHRIDATE.

Traistre ! sans luy donner le loisir de répandre
Les pleurs que son amour auroit dûs à ma cendre !
Et son Frere ?

ARBATE.

       Son Frere, au moins jusqu'à ce jour,
Seigneur, dans ses desseins n'a point marqué d'a-
   mour,
Et toûjours auec vous son cœur d'intelligence
N'a semblé respirer que guerre & que vengeance.

MITHRIDATE.

Mais encor quel dessein le conduisoit icy ?

ARBATE.

Seigneur, vous en serez tost ou tard éclaircy.

MITHRIDATE.

TRAGEDIE.

MITHRIDATE.

Parle, je te l'ordonne, & je veux tout apprendre.

ARBATE.

Seigneur, jusqu'à ce jour, ce que j'ay pû comprendre,
Ce Prince a crû pouuoir apres vostre trépas
Conter cette Prouince au rang de ses Estats.
Et sans connoistre icy de loix que son courage,
Il venoit par la force appuyer son partage.

MITHRIDATE.

Ah! c'est le moindre prix qu'il se doit proposer,
Si le Ciel de mon sort me laisse disposer.
Ouy, je respire, Arbate, & ma joye est extréme.
Ie tremblois, je l'auoüe, & pour vn Fils que j'aime,
Et pour moy, qui craignois de perdre vn tel appuy,
Et d'auoir à combattre vn Riual tel que luy.
Que Pharnace m'offence, il offre à ma colere
Vn Riual dés long-temps soigneux de me déplaire,
Qui toûjours des Romains admirateur secret
Ne s'est jamais contre eux declaré qu'a regret.
Et s'il faut que pour luy Monime préuenuë
Ait pû porter ailleurs vne amour qui m'est duë;
Malheur au criminel qui vient me la rauir,
Et qui m'ose offenser, & n'ose me seruir.
L'aime t'elle?

ARBATE.

Seigneur, je voy venir la Reine.

MITHRIDATE.

Dieux, qui voyez icy mon amour & ma haine,

C

Espargnez mes malheurs, & daignez empescher
Que je ne trouue encor ceux que je vais chercher.
Arbate ; c'eſt aſſez, qu'on me laiſſe auec elle.

SCENE IV.

MITHRIDATE, MONIME.

MITHRIDATE.

Madame, enfin le Ciel prés de vous me rappelle,
Et ſecõdant du moins mes plus tendres ſouhaits
Vous rend à mon amour plus belle que jamais.
Ie ne m'attendois pas que de noſtre hymenée
Ie duſſe voir ſi tard arriuer la iournée,
Ny qu'en vous reuoyant mon funeſte retour
Marquaſt mon infortune, & non pas mon amour.
C'eſt pourtant cet amour qui de tant de retraites
Ne me laiſſe choiſir que les lieux où vous eſtes,
Et les plus grands malheurs pourront me ſẽbler doux
Si ma preſence icy n'en eſt point vn pour vous.
C'eſt vous en dire aſſez ſi vous voulez m'entendre.
Vous deuez à ce jour dés long-temps vous attendre,
Et vous portez, Madame, vn gage de ma foy
Qui vous dit tous les jours que vous eſtes à moy.
Allons donc aſſurer cette foy mutuelle,
Ma Gloire loin d'icy vous & moy nous appelle,
Et ſans perdre vn moment pour ce noble deſſein,
Auiourd'huy voſtre Eſpoux, il faut partir demain.

TRAGEDIE.

MONIME.

Seigneur, vous pouuez tout. Ceux par qui je respire
Vous ont cedé sur moy leur souuerain empire.
Et quand vous vserez de ce droit tout-puissant,
Ie ne vous répondray qu'en vous obeïssant.

MITHRIDATE.

Ainsi preste à subir vn ioug qui vous opprime
Vous n'allez à l'Autel que comme vne victime :
Et moy tyran d'vn cœur qui se refuse au mien
Mesme en vous possedant ie ne vous deuray rien :
Ah Madame ! Est-ce là dequoy me satisfaire ?
Faut-il que desormais renonçant à vous plaire
Ie ne pretende plus qu'à vous tyrannifer ?
Mes malheurs en vn mot me font-ils mépriser ?
Ah ! Pour tenter encor de nouuelles conquestes
Quand ie ne verrois pas des routes toutes prestes,
Quand le sort ennemy m'auroit ietté plus bas,
Vaincu, persecuté, sans secours, sans Estats,
Errant de mers en mers, & moins Roy que Pirate ;
Conseruant pour tous biens le nom de Mithridate,
Apprenez que suiuy d'vn nom si glorieux
Par tout de l'Vniuers i'attacherois les yeux,
Et qu'il n'est point de Rois, s'ils sont dignes de l'estre,
Qui sur le thrône assis n'enuiassent peut-estre
Au dessus de leur gloire vn naufrage éleué,
Que Rome, & quarante ans ont à peine acheué.
Vous mesme d'vn autre œil me verriez-vous, Madame,
Si ces Grecs vos Ayeux reuiuoient dans vostre ame ?
Et puisqu'il faut enfin que ie sois vostre Espoux,
N'estoit-il pas plus noble, & plus digne de vous,

MITHRIDATE,

De ioindre à ce deuoir voſtre propre ſuffrage,
D'oppoſer voſtre eſtime au deſtin qui m'outrage,
Et de me raſſurer, en flattant ma douleur,
Contre la défiance attachée au malheur?
Hé! quoy? N'auez-vous rien, Madame, à me répõdre?
Tout mon empreſſement ne ſert qu'à vous cõfondre.
Vous demeurez muette, & loin de me parler,
Ie voy malgré vos ſoins vos pleurs preſts à couler.

MONIME.

Moy, Seigneur? Ie n'ay point de larmes à répandre,
I'obey. N'eſt-ce pas aſſez me faire entendre?
Et ne ſuffit-il pas...

MITRIDATE.
     Non, ce n'eſt pas aſſez.
Ie vous entens icy mieux que vous ne penſez.
Ie voy qu'on m'a dit vray. Ma iuſte ialouſie
Par vos propres diſcours eſt trop bien éclaircie.
Ie voy qu'vn Fils perfide épris de vos beautez
Vous a parlé d'amour, & que vous l'écoutez.
Ie vous iette pour luy dans des craintes nouuelles.
Mais il iouïra peu de vos pleurs infidelles,
Madame, & deſormais tout eſt ſourd à mes lois,
Ou bien vous l'auez veû pour la derniere fois.
Appellez Xipharés.

MONIME.
    Ah que voulez-vous faire?
Xipharés....

MITHRIDATE.
    Xipharés n'a point trahy ſon Pere.

Vous vous preſſez en vain de le deſauoüer,
Et ma tendre amitié ne peut que s'en loüer.
Ma honte en ſeroit moindre ainſi que voſtre crime,
Si ce Fils en effet digne de voſtre eſtime
A quelque amour encore auoit pû vous forcer.
Mais qu'vn Traiſtre qui n'eſt hardy qu'à m'offenſer,
De qui nulle vertu n'accompagne l'audace,
Que Pharnace en vn mot ait pu prendre ma place ?
Qu'il ſoit aimé, Madame, & que ie ſois haï?

SCENE. V.

MITRHRIDATE, MONIME, XIPHARES.

MITHRIDATE.

Venez, mon Fils, venez, voſtre Pere eſt trahi,
Vn Fils audacieux inſulte à ma ruine,
Trauerſe mes deſſeins, m'outrage, m'aſſaſſine,
Aime la Reine enfin, luy plaiſt, & me rauit
Vn cœur que ſon deuoir à moy ſeul aſſeruit.
Heureux pourtant, heureux ! que dans cette diſgrace
Ie ne puiſſe accuſer que la main de Pharnace.
Qu'vne Mere infidelle, vn Frere audacieux
Vous preſentent en vain leur exemple odieux.
Ouy, mon Fils, c'eſt vous ſeul ſur qui ie me repoſe,
Vous ſeul qu'aux grands deſſeins que mon cœur ſe
    propoſe,

C iij

I'ay choify dés long-temps pour digne compagnon,
L'heritier de mon Sceptre, & fur tout de mon nom.
Pharnace en ce moment, & ma flamme offenfée
Ne peuuent pas tous feuls occuper ma penfée.
D'vn voyage important les foins & les apprefts,
Mes vaiffeaux qu'à partir il faut tenir tout prefts,
Mes foldats dont ie veux tenter la complaifance
Dans ce mefme moment demandent ma prefence.
Vous cependant icy veillez pour mon repos.
D'vn Riual infolent arreftez les complots.
Ne quittez point la Reine, & s'il fe peut vous-mefme
Rendez la moins contraire aux vœux d'vn Roy qui l'aime.
Détournez-la, mon Fils, d'vn choix iniurieux.
Iuge fans intereft vous la conuaincrez mieux.
En vn mot c'eft affez éprouuer ma foibleffe.
Qu'elle ne pouffe point cette mefme tendreffe,
Que fçay-ie? à des fureurs, dont mon cœur outragé
Ne fe repentiroit qu'apres s'eftre vangé.

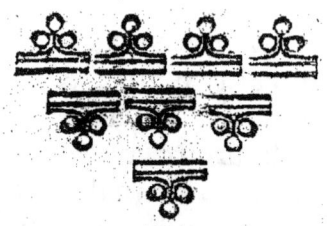

TRAGEDIE.

SCENE VI.
MONIME, XIPHARES.

XIPHARES.

Que diray-ie, Madame? Et cõmet dois-ie entẽdre
Cet ordre, ce difcours que ie ne puis cõprendre?
Seroit-il vray, grands Dieux, que trop aimé de vous
Pharnace euſt en effet merité ce courroux ?
Pharnace auroit-il part à ce defordre extreſme ?

MONIME.

Pharnace? ô Ciel! Pharnace? Ah qu'entens-ie moy-
 meſme ?
Ce n'eſt donc pas aſſez que ce funeſte iour
A tout ce que i'aimois m'arrache fans retour,
Et que de mon deuoir efclaue infortunée
A d'eternels ennuis ie me voye enchaifnée.
Il faut qu'on ioigne encor l'outrage à mes douleurs,
A l'amour de Pharnace on impute mes pleurs.
Malgré toute ma haine on veut qu'il m'ait fceû plaire,
Ie le pardonne au Roy, qu'aueugle fa colere,
Et qui de mes fecrets, n'eſt peut-eſtre éclaircy.
Mais vous, Seigneur, mais vous me traittez-vous ainfy?

XIPHARES.

Ah, Madame, excufez vn Amant qui s'égare,
Qui luy-meſme lié par vn deuoir barbare,

MITHRIDATE,

Se voit prest de tout perdre, & n'ose se vanger.
Mais des fureurs du Roy que puis-je enfin juger?
Il se plaint qu'à ses vœux vn autre amour s'oppose.
Quel heureux criminel en peut-estre la cause?
Qui? Parlez.

MONIME.

Vous cherchez, Prince, à vous tourmenter,
Plaignez vostre malheur sans vouloir l'augmenter.

XIPHARES.

Ie sçay trop quel tourmét ie m'appreste moy-mesme.
C'est peu de voir vn Pere épouser ce que i'aime.
Voir encore vn Riual honnoré de vos pleurs,
Sans doute c'est pour moy le comble des malheurs.
Mais dans mon desespoir ie cherche à les accroistre.
Madame, par pitié, faites-le moy connoistre.
Quel est-il cet Amant? Qui dois-ie soupçonner?

MONIME.

Auez-vous tant de peine à vous l'imaginer?
Tantost quand ie fuyois vne iniuste contrainte,
A qui contre Pharnace ay-ie adressé ma plainte?
Sous quel appuy tantost mon cœur s'est-il ietté?
Quel amour ay-ie enfin sans colere écouté?

XIPHARES.

O Ciel! Quoy ie serois ce bienheureux coupable
Que vous auez pû voir d'vn regard fauorable?
Vos pleurs pour Xiphares auroient daigné couler?

MONIME.

Ouy, Prince, il n'est plus temps de le dissimuler.

TRAGEDIE.

Ma douleur pour se taire a trop de violence,
Vn rigoureux deuoir me condanne au silence,
Mais il faut bien enfin malgré ses dures lois,
Parler pour la premiere & la derniere fois.
Vous m'aimez dés long-temps. Vne égale tendresse
Pour vous depuis long-temps m'afflige, & m'interesse.
Songez depuis quel iour ces funestes appas
Firent naistre vn amour qu'ils ne meritoient pas,
Les plaisirs d'vn espoir, qui ne vous dura guere,
Le trouble où vous ietta l'amour de vostre Pere,
Le tourment de me perdre, & de le voir heureux,
Les rigueurs d'vn deuoir contraire à tous vos vœux ;
Vous n'en sçauriez, Seigneur, rappeller la memoire,
Ny conter vos malheurs, sans conter mon histoire,
Et lors que ce matin i'en écoutois le cours,
Mon cœur vous répondoit tous vos mesmes discours.
Inutile, ou plûtost funeste sympathie !
Trop parfaite vnion par le sort démentie !
Ah ! Par quel soin cruel le Ciel auoit-il ioint
Deux cœurs, que l'vn pour l'autre il ne destinoit point !
Car quel que soit vers vous le panchant qui m'attire,
Ie vous le dy, Seigneur, pour ne plus vous le dire.
Ma gloire me rappelle, & m'entraisne à l'Autel
Où ie vais vous iurer vn silence eternel.
I'entens, vous gemissez. Mais telle est ma misere.
Ie ne suis point à vous, ie suis à vostre Pere.
Dans ce dessein vous-mesme il faut me soûtenir,
Et de mon foible cœur m'aider à vous bannir.
I'attens du moins, i'attens de vostre complaisance,
Que desormais par tout vous fuyez ma presence.
I'en viens de dire assez, pour vous persuader
Que i'ay trop de raisons de vous le commander.
Mais apres ce moment, si ce cœur magnanime
D'vn veritable amour a bruslé pour Monime,

Ie ne reconnois plus la foy de vos discours,
Qu'au soin que vous prendrez de m'éuiter tousiours.

XIPHARES.

Quelle marque, grands Dieux! d'vn amour déplorable!
Combien en vn moment heureux & miserable,
De quel comble de gloire, & de felicitez
Dans quel abysme affreux vous me précipitez!
Quoy? i'auray pû toucher vn cœur comme le vostre?
Vous aurez pû m'aimer? Et cependant vn autre
Possedera ce cœur dont i'attirois les vœux?
Pere iniuste, cruel, mais d'ailleurs malheureux!
Vous voulez que ie fuye, & que ie vous éuite?
Et cependant le Roy m'attache à vostre suite.
Que dira-t'il?

MONIME.

           N'importe, il me faut obeïr.
Inuentez des raisons qui puissent l'éblouïr.
D'vn Heros tel que vous c'est là l'effort supréme:
Cherchez, Prince, cherchez pour vous trahir vous-mê-
Tout ce que pour iouïr de leurs contentemens [me,
L'amour fait inuenter aux vulgaires Amans.
Enfin ie me connois, il y va de ma vie.
De mes foibles efforts ma vertu se défie.
Ie sçay qu'en vous voyant, vn tendre souuenir
Peut m'arracher du cœur quelque indigne soûpir;
Que ie verray mon ame en secret déchirée
Reuoler vers le bien, dont elle est separée.
Mais ie sçay bien aussi, que s'il dépend de vous,
De me faire cherir vn souuenir si doux;
Vous n'empescherez pas que ma gloire offensée
N'en punisse aussi-tost la coupable pensée,

TRAGEDIE.

Que ma main dans mon cœur ne vous aille chercher,
Pour y lauer ma honte, & vous en arracher.
Que dis-ie? En ce moment, le dernier qui nous reste,
Ie me sens arrester par vn plaisir funeste.
Plus ie vous parle, & plus trop foible que ie suis,
Ie cherche à prolonger le peril que ie fuis.
Il faut pourtant, il faut se faire violence.
Et sans perdre en adieux vn reste de constance,
Ie fuis. Souuenez-vous, Prince, de m'éuiter,
Et meritez les pleurs que vous m'allez couster.

XIPHARES.

Ah Madame.... Elle fuit, & ne veut plus m'entendre.
Malheureux Xipharés, quel party dois-tu prendre?
On t'aime, on te bannit, toy-mesme tu vois bien
Que ton propre deuoir s'accorde auec le sien.
Cours par vn promt trépas abreger ta misere.
Toutefois obseruons & Pharnace, & mon Pere.
Et s'il faut qu'vn Riual la rauisse à ma foy,
Du moins, en expirant, ne la cedons qu'au Roy.

Fin du second Acte.

ACTE III.

SCENE PREMIERE.

MITHRIDATE, PHARNACE, XIPHARES.

MITHRIDATE.

Venez, Princes, venez. Enfin l'heure est venuë
Qu'il faut que mon secret éclate à vôtre veuë.
A mes iustes desseins ie voy tout conspirer.
Il ne me reste plus qu'à vous les declarer.
Ie fuis, ainsi le veut la Fortune ennemie.
Mais vous sçauez trop bien l'histoire de ma vie.
Pour croire que long-temps soigneux de me cacher
I'attende en ces deserts qu'on me vienne chercher.
La Guerre à ses faueurs, ainsi que ses disgraces.
Déja plus d'vne fois retournant sur mes traces,
Tandis que l'Ennemy par ma fuite trompé
Tenoit apres son char vn vain peuple occupé,
Et grauant en airain ses fresles auantages
De mes Estats conquis enchaisnoit les images;

TRAGEDIE.

Le Bosphore m'a veû, par de nouueaux apprests,
Ramener la Terreur du fonds de ses marais,
Et chassant les Romains de l'Asie étonnée
Renuerser en vn iour l'ouurage d'vne année.
D'autres temps, d'autres soins. L'Orient accablé
Ne peut plus soûtenir leur effort redoublé.
Il voit plus que jamais ses campagnes couuertes
De Romains que la guerre enrichit de nos pertes.
Des biens des Nations rauisseurs alterez
Le bruit de nos tresors les a tous attirez,
Ils y courent en foule, & jaloux l'vn de l'autre
Desertent leur pays pour inonder le nostre.
Moy seul je leur resiste. Ou lassez, ou soûmis
Ma funeste amitié pese à tous mes amis.
Chacun à ce fardeau veut dérober sa teste.
Le seul nom de Pompée assure sa conqueste.
C'est l'effroy de l'Asie. Et loin de l'y chercher,
C'est à Rome, mes Fils, que je prétens marcher.
Ce dessein vous surprend, & vous croyez peut-estre
Que le seul desespoir aujourd'huy le fait naistre.
I'excuse vostre erreur. Et pour estre approuuez
De semblables projets veulent estre acheuez.
    Ne vous figurez point, que de cette Contrée
Par d'eternels rampars Rome soit separée.
Ie sçay tous les chemins par où je dois passer.
Et si la mort bien-tost ne me vient trauerser,
Sans reculer plus loin l'effet de ma parole,
Ie vous rens dans trois mois au pié du Capitole.
Doutez-vous que l'Euxin ne me porte en deux jours
Aux lieux où le Danube y vient finir son cours,
Que du Scythe auec moy l'alliance jurée
De l'Europe en ces lieux ne me liure l'entrée ?
Recüeilly dans leurs ports, accrû de leurs soldats
Nous verrons nostre camp grossir à chaque pas.

Daces, Pannoniens, la fiere Germanie,
Tous n'attendent qu'vn Chef contre la tyrannie.
Vous auez veû l'Espagne, & sur tout les Gaulois
Contre ces mesmes Murs qu'ils ont pris autrefois,
Exciter ma vangeance, & jusques dans la Grece
Par des Ambassadeurs accuser ma paresse.
Ils sçauent que sur eux prest à se déborder
Ce Torrent, s'il m'entraisne, ira tout inonder.
Et vous les verrez tous préuenant son rauage,
Guider dans l'Italie, & suiure mon passage.
  C'est là qu'en arriuant, plus qu'en tout le chemin,
Vous trouuerez par tout l'horreur du nom Romain,
Et la triste Italie encor toute fumante
Des feux, qu'a rallumez sa liberté mourante.
Non, Princes, ce n'est point au bout de l'Vniuers
Que Rome fait sentir tout le poids de ses fers.
Et de prés inspirant les haines les plus fortes,
Tes plus grands Ennemis, Rome, sont à tes portes.
Ah! s'ils ont pû choisir pour leur Liberateur,
Spartacus, vn Esclaue, vn vil Gladiateur,
S'ils suiuent au combat des Brigands qui les vangent,
De quelle noble ardeur pensez-vous qu'ils se rangent
Sous les drapeaux d'vn Roy long-temps victorieux,
Qui voit jusqu'à Cyrus remonter ses Ayeux?
Que dis-je? En quel estat croyez-vous la surprendre?
Vuide de Legions qui la puissent défendre,
Tandis que tout s'occupe à me persecuter,
Leurs Femmes, leurs Enfans pourront-ils m'arrester?
  Marchons, & dans son sein rejettons cette guerre
Que sa fureur enuoye aux deux bouts de la Terre.
Attaquons dans leurs murs ces Conquerans si fiers.
Qu'ils tremblēt à leur tour pour leurs propres foyers.
Annibal l'a prédit, croyons en ce grand Homme,
Iamais on ne vaincra les Romains que dans Rome.

TRAGEDIE. 39

Noyons la dans son sang justement répandu.
Brûlons ce Capitole, où j'estois attendu.
Détruisons ses honneurs, & faisons disparaistre
La honte de cent Rois, & la mienne peut-estre ;
Et la flamme à la main effaçons tous ces Noms
Que Rome y consacroit à d'eternels affrons.
 Voilà l'ambition dont mon ame est saisie.
Ne croyez point pourtant qu'éloigné de l'Asie,
J'en laisse les Romains tranquilles possesseurs.
Ie sçais où je luy dois trouuer des Défenseurs.
Ie veux que d'ennemis par tout enueloppée
Rome rappelle en vain le secours de Pompée.
Le Parthe, des Romains comme moy la terreur,
Consent de succeder à ma juste fureur.
Prest d'vnir auec moy sa haine & sa famille,
Il me demande vn Fils pour Espoux à sa Fille.
Cet honneur vous regarde, & j'ay fait choix de vous,
Pharnace. Allez, soyez ce bien-heureux Espoux.
Demain, sans differer, je prétens que l'Aurore
Découure mes Vaisseaux déja loin du Bosphore.
Vous que rien n'y retient, partez dés ce moment,
Et meritez mon choix par vostre empressement.
Acheuez cet hymen. Et repassant l'Euphrate
Faites voir à l'Asie vn autre Mithridate.
Que nos Tyrans communs en pâlissent d'effroy,
Et que le bruit à Rome en vienne jusqu'à moy.

PHARNACE

Seigneur, je ne vous puis déguiser ma surprise.
J'écoute auec transport cette grande entreprise.
Ie l'admire. Et jamais vn plus hardy dessein
Ne mit à des vaincus les armes à la main.
Sur tout j'admire en vous ce cœur infatigable
Qui semble s'affermir sous le faix qui l'accable,

Mais si j'ose parler auec sincerité,
En estes-vous reduit à cette extrémité ?
Pourquoy tenter si loin des courses inutiles
Quand vos Estats encor vous offrent tant d'aziles,
Et vouloir affronter des trauaux infinis,
Dignes plûtost d'vn Chef de malheureux Bannis,
Que d'vn Roy, qui n'aguere, auec quelque apparance,
De l'Aurore au Couchant portoit son esperance,
Fondoit sur trente Estats son Regne florissant,
Dont le débris est mesme vn Empire puissant ?
Vous seul, Seigneur, vous seul, apres quarante années
Pouuez encor lutter contre les destinées.
Implacable ennemy de Rome, & du repos,
Contez-vous vos soldats pour autant de Heros ?
Pensez-vous que ces cœurs tremblás de leur défaite,
Fatiguez d'vne longue & pénible retraite,
Cherchent auidement sous vn Ciel étranger
La mort, & le trauail pire que le danger ?
Vaincus plus d'vne fois aux yeux de la Patrie,
Soûtiendront-ils ailleurs vn Vainqueur en furie ?
Sera-t'il moins terrible, Et le vaincront-ils mieux
Dans le sein de sa Ville, à l'aspect de ses Dieux? [dre.
 Le Parthe vous recherche, & vous demáde vn Gen-
Mais ce Parthe, Seigneur, ardent à nous défendre
Lors que tout l'Vniuers sembloit nous proteger,
D'vn Gendre sans appuy voudra-t'il se charger ?
M'en iray-je moy seul, rebut de la Fortune,
Essuyer l'inconstance au Parthe si commune,
Et peut-estre pour fruit d'vn temeraire amour
Exposer vostre nom aux mépris de sa Cour ?
Du moins s'il faut ceder, si contre nostre vsage
Il faut d'vn Suppliant emprunter le visage,
Sans m'enuoyer du Parthe embrasser les genoux,
Sás vous-même implorer des Rois moindres que vous;
            Ne

TRAGEDIE. 41

Ne pourrions-nous pas prendre vne plus seure voye,
Et courir dans des bras qu'on nous tend auec joye?
Rome en voſtre faueur facile à s'appaiſer...

XIPHARES.

Rome, mon Frere! ô Ciel! Qu'oſez-vous propoſer?
Vous voulez que le Roy s'abaiſſe & s'humilie?
Qu'il démente en vn jour tout le cours de ſa vie?
Qu'il ſe fie aux Romains, & ſubiſſe des lois
Dont il a quarante ans défendu tous les Rois?
Continuez, Seigneur. Tout vaincu que vous eſtes,
La guerre, les perils ſont vos ſeules retraites.
Rome pourſuit en vous vn Ennemy fatal,
Plus conjuré contre elle, & plus craint qu'Annibal.
Tout couuert de ſon ſãg, quoy que vous puiſſiez faire,
N'en attendez jamais qu'vne paix ſanguinaire,
Telle qu'en un ſeul jour vn ordre de vos mains
La donna dans l'Aſie à cent mille Romains.
   Toutefois épargnez voſtre teſte ſacrée.
Vous meſme n'allez point de contrée en contrée
Monſtrer aux Nations Mithridate détruit,
Et de voſtre grand nom diminuer le bruit.
Voſtre vangeance eſt juſte, il la faut entreprendre.
Brûlez le Capitole, & mettez Rome en cendre.
Mais c'eſt aſſez pour vous d'en ouurir les chemins.
Faites porter ce feu par de plus jeunes mains.
Et tandis que l'Aſie occupera Pharnace,
De cette autre entrepriſe honnorez mon audace.
Commandez. Laiſſez-nous de voſtre nom ſuiuis
Iuſtifier par tout que nous ſommes vos Fils.
Embrazez par nos mains le Couchant & l'Aurore,
Rempliſſez l'Vniuers, ſans ſortir du Boſphore.
Que les Romains preſſez de l'vn à l'autre bout
Doutent où vous ſerez, & vous trouuent par tout.

D

Dés ce mesme moment ordonnez que je parte,
Icy tout vous retient. Et moy tout m'en écarte.
Et si ce grand Dessein surpasse ma valeur,
Du moins ce desespoir conuient à mon malheur.
Trop heureux d'auancer la fin de ma misere,
I'iray... j'effaceray le crime de ma Mere,
Seigneur. Vous m'en voyez rougir à vos genoux.
I'ay honte de me voir si peu digne de vous.
Tout mon sang doit lauer vne tasche si noire.
Mais je cherche vn trépas vtile à vostre gloire,
Et Rome vnique objet d'vn desespoir si beau,
Du Fils de Mithridate est le digne Tombeau.

MITHRIDATE *se leuant.*

Mon Fils, ne parlons plus d'vne Mere infidelle.
Vostre Pere est content, il connoist vostre zele,
Et ne vous verra point affronter de danger
Qu'auec vous son amour ne veüille partager.
Vous me suiurez, je veux que rien ne nous separe.
Et vous, à m'obeïr, Prince, qu'on se prépare.
Les Vaisseaux sont tout prests. I'ay moy-mesme or-
   donné
La Suite, & l'Appareil qui vous est destiné.
Arbate à cet hymen chargé de vous conduire
De vostre obeïssance aura soin de m'instruire.
Allez. Et soûtenant l'honneur de vos Ayeux,
Dans cet embrassement receuez mes Adieux.

PHARNACE.

Seigneur...

MITHRIDATE.

Ma volonté, Prince, vous doit suffire.
Obeïssez. C'est trop vous le faire redire.

TRAGEDIE.

PHARNACE.

Seigneur, si pour vous plaire il ne faut que perir,
Plus ardant qu'aucun autre on m'y verra courir.
Combattant à vos yeux permettez que je meure.

MITHRIDATE.

Ie vous ay commandé de partir tout à l'heure.
Mais apres ce moment... Prince, vous m'entendez,
Et vous estes perdu si vous me répondez.

PHARNACE.

Seigneur, dust-on offrir mille morts à ma veuë,
Ie ne sçaurois chercher vne Fille inconnuë.
Ma vie est en vos mains.

MITHRIDATE.

     Ah! c'est où je t'attens.
Tu ne sçaurois partir, Perfide, & je t'entens.
Ie sçay pourquoy tu fuis l'Hymen où je t'enuoye.
Il te fasche en ces lieux d'abandonner ta proye.
Monime te retient. Ton amour criminel
Prétendoit l'arracher à l'Hymen paternel.
Ny l'ardeur dont tu sçais que je l'ay recherchée,
Ny déja sur son front ma Couronne attachée,
Ny cet azile mesme où je la fais garder,
Ny mon juste courroux n'ont pû t'intimider.
Traistre, pour les Romains tes lasches complaisances
N'estoient pas à mes yeux d'assez noires offenses.
Il te manquoit encor ces perfides amours
Pour estre le supplice & l'horreur de mes jours.
Loin de t'en repentir, je voy sur ton visage
Que ta confusion ne part que de ta rage.

Il te tarde déja qu'échappé de mes mains
Tu ne coures me perdre, & me vendre aux Romains.
Mais auant que partir je me feray justice.
Ie te l'ay dit.

SCENE II.

MITHRIDATE, PHARNACE, XIPHARES. Gardes.

MITHRIDATE.

Hola, Gardes. Qu'on le saisisse.
Ouy, luy-mesme, Pharnace. Allez, & de ce pas
Qu'enfermé dans la Tour on ne le quitte pas.

PHARNACE.

Hé bien ! Sans me parer d'vne innocence vaine,
Il est vray mon amour merite vostre haine.
J'aime. L'on vous a fait vn fidelle recit.
Mais Xipharés, Seigneur, ne vous a pas tout dit.
C'est le moindre secret qu'il pouuoit vous apprédre,
Et ce Fils si fidelle a dû vous faire entendre,
Que des mesmes ardeurs dés long-temps enflammé,
Il aime aussi la Reine, & mesme en est aimé.

TRAGEDIE.

SCENE III.
MITHRIDATE, XIPHARES.

XIPHARES.

SEigneur, le croirez-vous qu'vn deſſein ſi coupable...

MITHRIDATE.

Mon Fils, je ſçay dequoy voſtre Frere eſt capable.
Me preſerue le Ciel de ſoupçonner iamais,
Que d'vn prix ſi cruel vous payez mes bien-faits,
Qu'vn Fils, qui fut touſjours le bon-heur de ma vie,
Ait pû percer ce cœur qu'vn Pere luy confie.
Ie ne le croiray point. Allez. Loin d'y ſonger,
Ie ne vas deſormais penſer qu'à nous vanger.

SCENE IV.
MITHRIDATE.

IE ne le croiray point? Vain eſpoir qui me flatte!
Tu ne le crois que trop, malheureux Mithridate.
Xipharés mon Riual? Et d'accord auec luy
La Reine auroit oſé me tromper aujourd'huy?

Quoy ? De quelque cofté que ie tourne la veuë,
La foy de tous les cœurs eft pour moy difparuë ?
Tout m'abandonne ailleurs ? Tout me trahit icy ?
Pharnace, Amis, Maiftreffe ? Et toy, mon Fils, auffi !
Toy de qui la vertu confolant ma difgrace...
Mais ne connois-ie pas le perfide Pharnace ?
Quelle foibleffe à moy d'en croire vn Furieux,
Qu'arme contre fon Frere vn deffein enuieux,
Ou dont le defefpoir me troublant par des fables,
Groffit pour fe fauuer le nombre des coupables ?
Non, ne l'en croyons point. Et fans trop nous preffer,
Voyons, examinons. Mais par où commencer ?
Qui m'en éclaircira ? Quels témoins ? Quel indice ?
Le Ciel en ce moment m'infpire vn artifice.
Qu'on appelle la Reine. Ouy, fans aller plus loin,
Ie veux l'oüir. Mon choix s'arrefte à ce témoin.
L'amour auidement croit tout ce qui le flatte.
Qui peut de sõ vainqueur mieux parler que l'Ingrate ?
Voyons, qui fon amour accufera des deux.
S'il n'eft digne de moy, le piege eft digne d'eux.
Trompons qui nous trahit. Et pour connoiftre vn
   Traiftre,
Il n'eft point de moyens... Mais ie la voy paraiftre
Feignons. Et de fon cœur d'vn vain efpoir flatté
Par vn menfonge adroit tirons la verité.

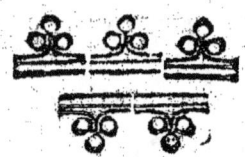

TRAGEDIE.

SCENE V.
MITHRIDATE, MONIME.

MITHRIDATE.

ENfin j'ouure les yeux, & je me fais juſtice.
C'eſt faire à vos beautez vn triſte ſacrifice,
Que de vous preſenter, Madame, auec ma foy
Tout l'âge, & le malheur que je traiſne auec moy.
Iuſqu'icy la Fortune, & la Victoire mêmes
Cachoient mes cheueux blács ſous trente Diadêmes.
Mais ce temps-là n'eſt plus. Ie regnois, & je fuis.
Més ans ſe ſont accrus. Mes honneurs ſont détruis.
Et mon front dépoüillé d'vn ſi noble auantage
Du Temps, qui l'a flétri, laiſſe voir tout l'outrage.
D'ailleurs mille deſſeins partagent mes eſprits.
D'vn Camp preſt à partir vous entendez les cris.
Sortant de mes Vaiſſeaux, il faut que j'y remonte.
Quel temps pour vn Hymen, qu'vne fuite ſi pronte,
Madame ! Et de quel front vous vnir à mon ſort,
Quand je ne cherche plus que la guerre & la mort ?
Ceſſez pourtant, ceſſez de prétendre à Pharnace.
Quand je me fais juſtice, il faut qu'on ſe la faſſe.
Ie ne ſouffriray point que ce Fils odieux,
Que je viens pour jamais de bannir de mes yeux,
Poſſedant vne amour, qui me fut déniée,
Vous faſſe des Romains deuenir l'Alliée.
Mon Trône vous eſt dû. Loin de m'en repentir,
Ie vous y place meſme, auant que de partir;

Pourueû que vous vouliez, qu'vne main qui m'est
 chere,
Vn Fils, le digne objet de l'amour de son Pere,
Xipharés en vn mot deuenant vostre Espoux,
Me vange de Pharnace, & m'acquitte enuers vous.

MONIME.

Xipharés ! Luy, Seigneur ?

MITHRIDATE.

     Ouy luy-mesme, Madame.
D'où peut naistre à ce nom le trouble de vostre ame ?
Contre vn si juste choix qui peut vous reuolter ?
Est-ce quelque mépris qu'on ne puisse donter ?
Ie le repete encor. C'est vn autre moy-mesme,
Vn Fils victorieux, qui me cherit, que j'aime,
L'Ennemy des Romains, l'Heritier, & l'appuy
D'vn Empire, & d'vn Nom qui va renaistre en luy.
Et quoy que vostre amour ait osé se promettre,
Ce n'est qu'entre ses mains que je puis vous remettre.

MONIME.

Que dites-vous ? O Ciel ! Pourriez-vous approuuer...
Pourquoy, Seigneur, pourquoy voulez-vous m'é-
 prouuer ?
Cessez de tourmenter vne ame infortunée.
Ie sçay que c'est à vous que je fus destinée.
Ie sçay qu'en ce moment pour ce nœud solennel
La Victime, Seigneur, nous attend à l'Autel.
Venez.

MITHRIDATE.

   Ie le voy bien, quelque effort que je fasse,
Madame, vous voulez vous garder à Pharnace.

TRAGEDIE.

Ie reconnoy toûjours vos injustes mépris.
Ils ont mesme passé sur mon malheureux Fils.

MONIME.

Ie le méprise !

MITHRIDATE.

Hé bien ! n'en parlons plus, Madame.
Continüez. Brûlez d'vne honteuse flamme.
Tandis qu'auec mon Fils je vais loin de vos yeux
Chercher au bout du monde vn trépas glorieux ;
Vous cependant icy seruez auec son Frere,
Et vendez aux Romains le sang de vostre Pere.
Venez. Ie ne sçaurois mieux punir vos dédains,
Qu'en vous mettât moy-mesme en ses seruiles mains.
Et sans plus me charger du soin de vostre gloire,
Ie veux laisser de vous jusqu'à vostre memoire.
Allons, Madame, allons. Ie m'en vais vous vnir.

MONIME.

Plûtost de mille morts dussiez-vous me punir.

MITHRIDATE.

Vous resistez en vain, & j'entens vostre fuite.

MONIME.

En quelle extremité, Seigneur, suis-je reduite ?
Mais enfin je vous crois, & je ne puis penser
Qu'à feindre si long-temps vous pussiez vous forcer.
Les Dieux me sont témoins, qu'à vous plaire bornée,
Mon ame à tout son sort s'estoit abandonnée.
Mais si quelque foiblesse auoit pû m'allarmer,
Si de tous ses efforts mon cœur a dû s'armer ;

E

MITHRIDATE,

Ne croyez point, Seigneur, qu'auteur de mes allarmes
Pharnace m'ait jamais cousté les moindres larmes.
Ce Fils victorieux que vous fauorisez,
Cette viuante image en qui vous vous plaisez,
Cet Ennemy de Rome, & cet autre vous-mesme,
Enfin ce Xipharés que vous voulez que j'aime...

MITHRIDATE.

Vous l'aimez ?

MONIME.

Si le sort ne m'eust donnée à vous,
Mon bon-heur dépendoit de l'auoir pour Espoux ;
Auant que vostre amour m'eust enuoyé ce gage,
Nous nous aimiós...Seigneur, vous chágez de visage!

MITHRIDATE.

Non, Madame. Il suffit. Ie vais vous l'enuoyer.
Allez. Le temps est cher. Il le faut employer.
Ie voy qu'à m'obeïr vous estes disposée.
Ie suis content.

MONIME *en s'en allant.*

O Ciel! Me serois-je abusée ?

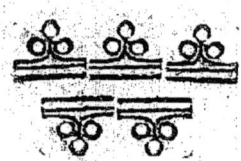

TRAGEDIE.

SCENE VI.
MITHRIDATE.

ILs s'aiment. C'est ainsi qu'on se joüoit de nous.
Ah Fils ingrat! Tu vas me répondre pour tous.
Tu periras. Ie sçay combien ta Renommée,
Et tes fausses vertus ont seduit mon Armée.
Perfide, je te veux porter des coups certains.
Il faut, pour te mieux perdre, écarter les mutins,
Et faisant à mes yeux partir les plus Rebelles,
Ne garder prés de moy que des troupes fidelles.
Allons. Mais sans monstrer vn visage offensé,
Dissimulons encor, comme j'ay commencé.

Fin du troisiéme Acte.

ACTE IV.

SCENE PREMIERE.

MONIME, PHOEDIME.

MONIME.

PHOEDIME, au nom des Dieux, fay ce que je desire.
Va voir ce qui se passe, & reuien me le dire.
Ie ne sçay. Mais mon cœur ne se peut rassurer.
Mille soupçons affreux viennent me déchirer.
Que tarde Xipharés ? Et d'où vient qu'il differe
A seconder des vœux qu'autorize son Pere ?
Son Pere en me quittant me l'alloit enuoyer,
Mais il feignoit peut-estre, il falloit tout nier.
Le Roy feignoit ? Et moy découurant ma pensée...
O Dieux ! En ce peril m'auriez-vous delaissée ?
Et se pourroit-il bien qu'à son ressentiment
Mon amour indiscret eust liuré mon Amant ?
Quoy, Prince! quād tout plein de ton amour extréme,
Pour sçauoir mon secret tu me pressois toy-même,

TRAGEDIE.

Mes refus trop cruels vingt fois te l'ont caché,
Ie t'ay mesme puny de l'auoir arraché;
Et quand de toy peut-estre vn Pere se défie,
Que dis-je? quand peut-estre il y va de ta vie,
Ie parle, & trop facile à me laisser tromper,
Ie luy marque le cœur où sa main doit frapper.

PHOEDIME.

Ah! traitez-le, Madame, auec plus de justice.
Vn grand Roy descend-il jusqu'à cet artifice?
A prendre ce détour qui l'auroit pû forcer?
Sans murmure, à l'Autel vous l'alliez deuancer.
Vouloit-il perdre vn Fils qu'il aime auec tendresse?
Iusqu'icy les effets secondent sa promesse.
Madame, il vous disoit qu'vn important dessein
Malgré luy le forçoit à vous quitter demain.
Ce seul dessein l'occupe, & hastant son voyage,
Luy-mesme ordonne tout présent sur le riuage.
Ses vaisseaux en tous lieux se chargent de soldats,
Et par tout Xipharés accompagne ses pas.
D'vn Riual en fureur est-ce là la conduite?
Et voit-on ses discours démentis par la suite?

MONIME.

Pharnace cependant par son ordre arresté
Trouue en luy d'vn Riual toute la dureté.
Phœdime, à Xipharés fera-t'il plus de grace?

PHOEDIME.

C'est l'amy des Romains qu'il punit en Pharnace.
L'amour a peu de part à ses justes soupçons.

MONIME.

Autant que je le puis, je cede à tes raisons.

E iij

Elles calment vn peu l'ennuy qui me deuore.
Mais pourtant Xipharés ne paroift point encore.

PHOEDIME.

Vaine erreur des Amans, qui pleins de leurs defirs
Voudroient que tout cedaft au foin de leurs plaifirs !
Qui prefts à s'irriter contre le moindre obftacle...

MONIME.

Ma Phœdime, & qui peut conceuoir ce miracle ?
Apres deux ans d'ennuis, dont tu fçais tout le pois,
Quoy je puis refpirer pour la premiere fois ?
Quoy, cher Prince, auec toy, je me verrois vnie ?
Et loin que ma tendreffe euft expofé ta vie,
Tu verrois ton deuoir, je verrois ma vertu
Approuuer vn amour fi long-temps combattu ?
Ie pourrois tous les jours t'affurer que je t'aime ?
Que ne viens-tu...

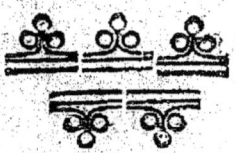

SCENE II.

MONIME, XIPHARES, PHOEDIME.

MONIME.

SEigneur, je parlois de vous-mesme.
Mon ame souhaittoit de vous voir en ce lieu,
Pour vous...

XIPHARES.

C'est maintenant qu'il faut vous dire adieu.

MONIME.

Adieu! vous?

XIPHARES.

Ouy, Madame, & pour toute ma vie.

MONIME.

Qu'entés-je? On me disoit... Helas! ils m'ont trahie.

XIPHARES.

Madame, je ne sçay quel Ennemy couuert
Reuelant nos secrets vous trahit, & me perd.
Mais le Roy, qui tantost n'en croyoit point Pharnace,
Maintenant dans nos cœurs sçait tout ce qui se passe.

E iiij

Il feint, il me careſſe, & cache ſon deſſein.
Mais moy, qui dés l'enfance éleué dans ſon ſein,
De tous ſes mouuemens ay trop d'intelligence,
I'ay lû dans ſes regards ſa prochaine vangeance.
Il preſſe, il fait partir tous ceux, dont mon malheur
Pourroit à la reuolte exciter la douleur.
De ſes fauſſes bontez j'ay connu la contrainte.
Vn mot meſme d'Arbate a confirmé ma crainte.
Il a ſceû m'aborder, & les larmes aux yeux,
On ſçait tout, m'a-t'il dit, ſauuez-vous de ces lieux.
Ce mot m'a fait fremir du peril de ma Reine.
Et ce cher intereſt eſt le ſeul qui m'ameine.
Ie vous crains pour vous-meſme, & je viens à genoux
Vous prier, ma Princeſſe, & vous fléchir pour vous.
Vous dépendez icy d'vne main violente,
Que le ſang le plus cher rarement eſpouuante.
Et je n'oſe vous dire a quelle cruauté
Mithridate jaloux s'eſt ſouuent emporté.
Peut-eſtre c'eſt moy ſeul que ſa fureur menaſſe.
Peut-eſtre en me perdant il veut vous faire grace.
Daignez, au nom des Dieux, daignez en profiter.
Par de nouueaux refus n'allez point l'irriter.
Moins vous l'aimez, & plus taſchez de luy complaire.
Feignez. Efforcez-vous. Songez qu'il eſt mon Pere.
Viuez, & permettez que dans tous mes malheurs
Ie puiſſe à voſtre amour ne couſter que des pleurs.

MONIME.

Ah! je vous ay perdu.

XIPHARES.

Genereuſe Monime,
Ne vous imputez point le malheur qui m'opprime.

TRAGEDIE.

Voſtre ſeule bonté n'eſt point ce qui me nuit.
Ie ſuis vn Malheureux que le Deſtin pourſuit.
C'eſt luy qui m'a rauy l'amitié de mon Pere,
Qui le fit mon Riual, qui reuolta ma Mere,
Et vient de ſuſciter dans ce moment affreux
Vn ſecret Ennemy pour nous trahir tous deux.

MONIME.

Hé quoy? Cet Ennemy vous l'ignorez encore?

XIPHARES.

Pour ſurcroiſt de douleur, Madame, je l'ignore.
Heureux! ſi je pouuois auant que m'immoler,
Percer le traiſtre cœur, qui m'a pû deceler.

MONIME.

Hé bien, Seigneur, il faut vous le faire connaiſtre.
Ne cherchez point ailleurs cet Ennemy, ce Traiſtre.
Frappez. Aucun reſpect ne vous doit retenir.
I'ay tout fait. Et c'eſt moy que vous deuez punir.

XIPHARES.

Vous!

MONIME.

Ah ſi vous ſçauiez, Prince, auec quelle adreſſe
Le Cruel eſt venu ſurprendre ma tendreſſe!
Quelle amitié ſincere il affectoit pour vous!
Content, s'il vous voyoit deuenir mon Eſpoux.
Qui n'auroit crû... Mais non, mon amour plus timide
Deuoit moins vous liurer à ſa bonté perfide.
Les Dieux qui m'inſpiroient, & que j'ay mal ſuiuis,
M'ont fait taire trois fois par de ſecrets auis.

J'ay dû continuer. J'ay dû dans tout le reste.
Que sçay-je enfin ? J'ay dû vous estre moins funeste,
J'ay dû craindre du Roy les dons empoisonnez,
Et je m'en puniray si vous me pardonnez.

XIPHARES.

Quoy, Madame ? C'est vous, c'est l'amour qui m'expo- [se ?
Mon malheur est party d'vne si belle cause ?
Trop d'amour a trahy nos secrets amoureux ?
Et vous vous excusez de m'auoir fait heureux ?
Que voudrois-je de plus ? Glorieux, & fidelle,
Ie meurs. Vn autre sort au trône vous appelle.
Consentez-y, Madame. Et sans plus resister
Acheuez vn hymen, qui vous y fait monter.

MONIME.

Quoy vous me demandez que j'épouse vn Barbare,
Dont l'odieux amour pour jamais nous separe ?

XIPHARES.

Songez, que ce matin soûmise à ses souhaits
Vous deuiez l'épouser, & ne me voir jamais.

MONIME.

Et connoissois-je alors toute sa barbarie ?
Ne voudriez-vous point qu'approuuant sa furie,
Apres vous auoir veû tout percé de ses coups,
Ie suiuisse à l'Autel vn tyrannique Espoux,
Et que dans vne main de vostre sang fumante
I'allasse mettre, helas ! la main de vostre Amante ?
Allez, de ses fureurs songez à vous garder,
Sans perdre icy le temps à me persuader.
Le Ciel m'inspirera quel party je doy prendre.
Que seroit-ce, grãds Dieux ! s'il venoit vous surprẽdre ?

TRAGEDIE.

Que dis-je ? On vient. Allez. Courez. Viuez enfin,
Et du moins attendez quel sera mon destin.

SCENE III.

MONIME, PHOEDIME.

PHOEDIME.

MAdame, a quels perils il exposoit sa vie!
C'est le Roy.

MONIME.

Cours l'aider à cacher sa sortie.
Va, ne le quitte point. Et qu'il se garde bien
D'ordonner de son sort, sans estre instruit du mien.

SCENE IV.

MITHRIDATE, MONIME.

MITHRIDATE.

Allons, Madame, allons. Vne raiſon ſecrette
Me fait quitter ces lieux, & haſter ma retraitte.
Tandis que mes ſoldats preſts à ſuiure leur Roy
Rentrent dans mes vaiſſeaux, pour partir auec moy;
Venez, & qu'à l'Autel ma promeſſe accomplie
Par des nœuds eternels l'vn à l'autre nous lie.

MONIME.

Nous, Seigneur?

MITHRIDATE.

Quoy, Madame, oſez-vous balancer?

MONIME.

Et ne m'auez-vous pas défendu d'y penſer?

MITHRIDATE.

I'eûs mes raiſons alors. Oublions-les, Madame.
Ne ſongez maintenant qu'à répondre à ma flamme.
Songez que voſtre cœur eſt vn bien qui m'eſt dû.

MONIME.

Hé pourquoy donc, Seigneur, me l'auez-vous rendu?

TRAGEDIE.

MITHRIDATE.

Quoy pour vn Fils ingrat toûjours préoccupée
Vous croiriez...

MONIME.

Quoy, Seigneur ? Vous m'auriez donc trompée?

MITHRIDATE.

Perfide ! Il vous fied bien de tenir ce difcours,
Vous, qui gardant au cœur d'infidelles amours,
Quand je vous éleuois au comble de la gloire
M'auez des trahifons preparé la plus noire.
Ne vous fouuient-il plus, cœur ingrat & fans foy,
Plus que tous les Romains conjuré contre moy,
De quel rang glorieux j'ay bien voulu defcendre,
Pour vous porter au trône, où vous n'ofiez prétédre?
Ne me regardez point vaincu, perfecuté.
Reuoyez-moy vainqueur, & par tout redouté.
Songez de quelle ardeur dans Ephefe adorée,
Aux Filles de cent Rois je vous ay preferée !
Et negligeant pour vous tant d'heureux Alliez,
Quelle foule d'Eftats je mettois à vos piez.
Ah ! fi d'vn autre amour le panchant inuincible
Dés lors à mes bontez vous rendoit infenfible,
Sans chercher de fi loin vn odieux Efpoux,
Auant que de partir, pourquoy vous taifiez-vous ?
Attendiez-vous pour faire vn aueu fi funefte
Que le fort ennemy m'euft rauy tout le refte ;
Et que de toutes parts me voyant accabler,
I'euffe en vous le feul bien qui me puft confoler ?
Cependant quand je veux oublier cet outrage,
Et cacher à mon cœur cette funefte image,

Vous ofez à mes yeux rappeller le paffé,
Vous m'accufez encor, quand ie fuis offenfé.
Ie voy que pour vn Traiftre vn fol efpoir vous flatte,
A quelle épreuue, ô Ciel! reduis-tu Mithridate!
Par quel charme fecret laiffay-je retenir
Ce courroux fi feuere, & fi promt à punir?
Profitez du moment que mon amour vous donne.
Pour la derniere fois venez, je vous l'ordonne.
N'attirez point fur vous des perils fuperflus,
Pour vn Fils infolent que vous ne verrez plus.
Sans vous parer pour luy d'vne foy qui m'eft duë,
Perdez-en la memoire, auffi-bien que la vuë.
Et deformais fenfible à ma feule bonté,
Meritez le pardon qui vous eft prefenté.

MONIME.

Ie n'ay point oublié quelle reconnoiffance,
Seigneur, m'a dû ranger fous voftre obeïffance.
Quelque rang où jadis foient montez mes Ayeux,
Leur gloire de fi loin n'éblouït point mes yeux.
Ie fonge auec refpect de combien je fuis née
Au deffous des grandeurs d'vn fi noble hymenée.
Et malgré mon panchant, & mes premiers deffeins
Pour vn Fils, apres vous, le plus grand des humains,
Du jour qu'on m'impofa pour vous ce Diadême,
Ie renonçay, Seigneur, à ce Prince, à moy-mefme.
Tous deux d'intelligence à nous facrifier,
Loin de moy par mon ordre il couroit m'oublier.
Dans l'ombre du fecret ce feu s'alloit éteindre.
Et mefme de mon fort je ne pouuois me plaindre,
Puifqu'enfin aux dépens de mes vœux les plus doux,
Ie faifois le bon-heur d'vn Heros tel que vous.

 Vous feul, Seigneur, vous feul, vous m'auez arra-
A cette obeïffance, où j'eftois attachée.   [chée

TRAGEDIE.

Et ce fatal amour, dont j'auois triomphé,
Ce feu que dans l'oubly je croyois étouffé,
Dont la cause à jamais s'éloignoit de ma veuë,
Vos détours l'ont surpris, & m'en ont conuaincuë.
Ie vous l'ay confessé, je le doy soûtenir.
En vain vous en pourriez perdre le souuenir,
Et cet aueu honteux, où vous m'auez forcée
Demeurera toûjours présent à ma pensée.
Toûjours je vous croirois incertain de ma foy.
Et le Tombeau, Seigneur, est moins triste pour moy,
Que le lit d'vn Espoux, qui m'a fait cet outrage,
Qui s'est acquis sur moy ce cruel auantage,
Et qui me préparant vn éternel ennuy,
M'a fait rougir d'vn feu, qui n'estoit pas pour luy.

MITHRIDATE.

C'est donc vostre réponse. Et sans plus me complaire
Vous refusez l'honneur que je voulois vous faire.
Pensez-y bien. I'attens pour me déterminer.

MONIME.

Non, Seigneur, vainement vous croyez m'étonner.
Ie vous connoy. Ie sçay tout ce que je m'appreste.
Et je voy quels malheurs j'assemble sur ma teste.
Mais le dessein est pris. Rien ne peut m'ébranler.
Iugez-en, puis qu'ainsi je vous ose parler,
Et m'emporte au delà de cette modestie
Dont jusqu'à ce moment je n'estois point sortie.
Vous vous estes seruy de ma funeste main
Pour mettre à vostre Fils vn poignard dans le sein.
De ses feux innocens j'ay trahi le mystere.
Et quand il n'en perdroit que l'amour de son Pere,
Il en mourra, Seigneur. Ma foy, ny mon amour
Ne seront point le prix d'vn si cruel détour.

Apres cela jugez. Perdez vne Rebelle.
Armez-vous du pouuoir qu'on vous donna sur elle,
I'attendray mon arrest, vous pouuez commander.
Tout ce qu'en vous quittant j'ose vous demander,
Croyez (à la vertu je doy cette justice)
Que je vous trahis seule, & n'ay point de complice,
Et que d'vn plein effet vos vœux seroient suiuis,
Si j'en croyois, Seigneur, les vœux de vostre Fils.

SCENE V.

MITHRIDATE.

Elle me quitte! Et moy dans vn lasche silence,
Ie semble de sa fuite approuuer l'insolence?
Peu s'en faut que mon cœur panchant de son costé
Ne me condanne encor de trop de cruauté?
Qui suis-je? Est-ce Monime? Et suis-je Mithridate?
Non non, plus de pardon, plus d'amour pour l'Ingrate,
Ma colere reuient, & je me reconnois.
Immolons en partant trois Ingrats à la fois.
Ie vais à Rome, & c'est par de tels sacrifices
Qu'il faut à ma fureur rendre les Dieux propices.
Ie le doy, je le puis, ils n'ont plus de support.
Les plus seditieux sont déja loin du bord.
Sans distinguer entre-eux qui je hais, ou qui j'aime,
Allons, & commençons par Xipharés luy-mesme.
    Mais quelle est ma fureur? Et qu'est-ce que je dis?
Tu vas sacrifier, qui, mal-heureux? ton Fils?

TRAGEDIE. 65

Vn Fils que Rome craint? qui peut vanger son Pere?
Pourquoy répandre vn sang qui m'est si necessaire?
Ah! dans l'estat funeste où ma chute m'a mis,
Est-ce que mon mal-heur m'a laissé trop d'amis?
Songeons plûtost, songeons à gagner sa tendresse.
I'ay besoin d'vn Vangeur, & non d'vne Maistresse.
Quoy? Ne vaut-il pas mieux, puis qu'il faut m'en pri-
La ceder à ce Fils, que je veux conseruer? [uer,
Cedons la. Vains efforts! qui ne font que m'instruire
Des foiblesses d'vn cœur qui cherche à se seduire!
Ie brûle, je l'adore, & loin de la bannir...
Ah! c'est vn crime encor dont je la veux punir.
Mon amour trop long-temps tient ma gloire captiue.
Qu'elle perisse seule, & que mon Fils me suiue.
Vn peu de fermeté punissant ses refus
Me va mettre en estat de ne la craindre plus.
Quelle pitié retient mes sentimens timides?
N'en ay-je pas déja puny de moins perfides.
O Monime! ô mon Fils! inutile courroux!
Et vous heureux Romains! quel triomphe pour vous,
Si vous sçauiez ma honte, & qu'vn auis fidelle
De mes lasches combats vous portast la nouuelle!
Quoy? des plus cheres mains craignant les trahisons,
I'ay pris soin de m'armer contre tous les poisons;
I'ay sceû par vne longue & penible industrie
Des plus mortels venins préuenir la furie.
Ah! qu'il eust mieux valu, plus sage, & plus heureux,
Et repoussant les traits d'vn amour dangereux,
Ne pas laisser remplir d'ardeurs empoisonnées
Vn cœur déja glacé par le froid des années?
  De ce trouble fatal par où dois je sortir?

F

SCENE VI.

MITHRIDATE, ARBATE.

ARBATE.

SEigneur, tous vos soldats ne veulent plus partir.
Pharnace les retient. Pharnace leur reuele
Que vous cherchez à Rome vne guerre nouuelle.

MITHRIDATE.

Pharnace ?

ARBATE.

    Il a seduit ses gardes les premiers,
Et le seul nom de Rome étonne les plus fiers.
De mille affreux perils ils se forment l'image.
Les vns auec transport embrassent le riuage.
Les autres qui partoient s'élancent dans les flots,
Ou presentent leurs dards aux yeux des matelots.
Le desordre est par tout. Et loin de nous entendre
Ils demandent la Paix, & parlent de se rendre.
Pharnace est à leur teste, & flattant leurs souhaits
De la part des Romains il leur promet la Paix.

MITHRIDATE.

Ah le Traistre ! Courez. Qu'on appelle son Frere.
Qu'il me suiue, qu'il vienne au secours de son Pere.

TRAGEDIE.

ARBATE.

J'ignore son dessein. Mais vn soudain transport
L'a déja fait descendre, & courir vers le Port.
Et l'on dit que suiuy d'vn gros d'Amis fidelles
On l'a veû se mesler au milieu des Rebelles.
C'est tout ce que j'en sçais.

MITHRIDATE.

Ah! Qu'est-ce que j'entens?
Perfides, ma vangeance a tardé trop long-temps.
Mais je ne vous crains point. Malgré leur insolence
Les Mutins n'oseroient soûtenir ma presence.
Je ne veux que les voir, je ne veux qu'à leurs yeux
Immoler de ma main deux Fils audacieux.

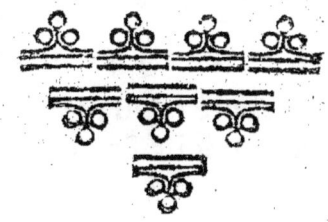

SCENE VII.

MITHRIDATE, ARBATE, ARCAS.

ARCAS.

Seigneur, tout est perdu. Les Rebelles, Pharnace,
Les Romains sont en foule autour de cette Place.

MITHRIDATE.

Les Romains !

ARCAS.

    De Romains le riuage est chargé,
Et bien tost dans ces Murs vous estes assiegé.

MITHRIDATE.

 Ciel ! Courons.* Ecoutez. Du mal-heur qui me presse
Tu ne joüiras pas infidelle Princesse.

Fin du quatriéme Acte.

TRAGEDIE. 69

ACTE V.

SCENE PREMIERE.

MONIME, PHOEDIME.

PHOEDIME.

ADAME, où courez-vous? Quels aueu-
gles transports
Vous font tenter sur vous de crimi-
nels efforts?
Hé quoy? vous auez pû trop cruelle à vous-même,
Faire vn affreux lien d'vn sacré Diadême?
Ah! ne voyez-vous pas, que les Dieux plus humains
Ont eux-mesmes rompu ce bandeau dans vos mains?

MONIME.

Hé par quelle fureur obstinée à me suiure
Toy-mesme malgré moy veux-tu me faire viure?
Xipharés ne vit plus. Le Roy desesperé
Luy-mesme n'attend plus qu'vn trépas asseuré.
Quel fruit te promets-tu de ta coupable audace?
Perfide, prétens-tu me liurer à Pharnace?

PHOEDIME.

Ah! du moins attendez qu'vn fidelle rapport
De son malheureux Frere ait confirmé la mort.
Dans la confusion que nous venons d'entendre,
Les yeux peuuent-ils pas aisément se méprendre ?
D'abord, vous le sçauez, vn bruit injurieux
Le rangeoit du party d'vn Camp seditieux ;
Maintenant on vous dit que ces mesmes Rebelles
Ont tourné contre luy leurs armes criminelles.
Iugez de l'vn par l'autre. Et daignez écouter...

MONIME.

Xipharés est sans vie, il n'en faut point douter.
L'euenement n'a point démenty mon attente.
Quand je n'en aurois pas la nouuelle sanglante,
Il est mort, & j'en ay pour garands trop certains
Son courage, & son nom trop suspects aux Romains.
Ah ! Que d'vn si beau sang dés long-temps alterée,
Rome tient maintenant la Victoire assurée !
Quel Ennemy son bras leur alloit opposer !
Mais sur qui, mal-heureuse, oses-tu t'excuser ?
Quoy tu neveux pas voir que c'est toy qui l'opprimes
Et dans tous ses mal-heurs reconnoistre tes crimes ?
De combien d'Assassins l'auois-je enueloppé ?
Comment à tant de coups seroit-il échappé ?
Il éuitoit en vain les Romains & son Frere.
Ne le liurois-je pas aux fureurs de son Pere ?
C'est moy, qui les rendant l'vn de l'autre jaloux,
Vins allumer le feu qui les embraze tous,
Tison de la Discorde, & fatale Furie,
Que le Demon de Rome a formée & nourrie.
Et je vis ? Et j'attens que de leur sang baigné
Pharnace des Romains reuienne accompagné ?

TRAGEDIE. 71

Qu'il étalle à mes yeux sa parricide joye?
La Mort au desespoir ouure plus d'vne voye.
Ouy, cruelles, en vain vos iniustes secours
Me ferment du Tombeau les chemins les plus courts.
Ie trouueray la mort jusques dans vos bras même.

Et toy, fatal tissu, mal-heureux Diadême,
Instrument, & témoin de toutes mes douleurs,
Bandeau, que mille fois j'ay trempé de mes pleurs,
Au moins en terminant ma vie, & mon supplice,
Ne pouuois-tu me rendre vn funeste seruice!
A mes tristes regards va, cesse de t'offrir.
D'autres armes sans toy sçauront me secourir.
Et perisse le jour, & la main meurtriere
Qui jadis sur mon front t'attacha la premiere.

PHOEDIME.

On vient, Madame, on vient. Et j'espere qu'Arcas
Pour bannir vos frayeurs porte vers vous ses pas.

MITHRIDATE,

SCENE II.
MONIME, PHOEDIME, ARCAS.

MONIME.

EN est-ce fait, Arcas ? Et le cruel Pharnace...

ARCAS.

Ne me demandez rien de tout ce qui se passe,
Madame. On m'a chargé d'vn plus funeste employ,
Et ce Poison vous dit les volontez du Roy.

PHOEDIME.

Malheureuse Princesse !

MONIME.

            Ah quel comble de joye !
Donnez. Dites, Arcas, au Roy qui me l'enuoye,
Que de tous les presens que m'a faits sa bonté
Ie reçoy le plus cher & le plus souhaitté.
A la fin je respire. Et le Ciel me déliure
Des secours importuns qui me forçoient de viure.
Maistresse de moy-mesme, il veut bien qu'vne fois
Ie puisse de mon sort disposer à mon choix.

PHOEDIME.

TRAGEDIE. 73
PHOEDIME.
Helas!
MONIME.
Retien tes cris, & par d'indignes larmes
De cet heureux momēt ne trouble point les charmes.
Si tu m'aimois, Phœdime, il falloit me pleurer,
Quand d'vn titre funeste on me vint honnorer,
Et lors que m'arrachant du doux sein de la Grece
Dans ce Climat barbare on traisna ta Maistresse.
Retourne maintenant chez ces Peuples heureux,
Et si mon nom encor s'est conserué chez eux,
Dy leur ce que tu vois, & de toute ma gloire,
Phœdime, conte leur la malheureuse histoire.
 Et toy, qui de ce cœur, dont tu fus adoré,
Par vn ialoux destin fus toûjours separé,
Heros, auec qui mesme, en terminant ma vie,
Ie n'ose en vn tombeau demander d'estre vnie,
Reçoy ce sacrifice, & puisse en ce moment
Ce Poison expier le sang de mon Amant.

G

MITHRIDATE,

SCENE III.
MONIME, ARBATE, PHOEDIME, ARCAS.

ARBATE.

ARreſtez, arreſtez.

ARCAS.
Que faites-vous, Arbate?

ARBATE.
Arreſtez. I'accomply l'ordre de Mithridate.

MONIME.
Ah! laiſſez-moy...

ARBATE *jettent le poiſon.*
Ceſſez, vous dis-ie, & laiſſez moy,
Madame, executer les volontez du Roy.
Viuez. Et vous, Arcas, du ſuccés de mon zele
Courez à Mithridate apprendre la nouuelle.

SCENE IV.

MONIME, ARBATE, PHOEDIME.

MONIME.

AH! trop cruel Arbate, à quoy m'exposez-vous?
Est-ce qu'on croit encor mõ supplice trop doux?
Et le Roy m'enuiant vne mort si soudaine
Veut-il plus d'vn trépas pour contenter sa haine?

ARBATE.

Vous l'allez voir, Madame. Et i'ose m'assurer
Que vous-mesme auec moy vous allez le pleurer.

MONIME.

Quoy le Roy...

ARBATE.

Le Roy touche à son heure derniere,
Madame, & ne voit plus qu'vn reste de lumiere.
Ie l'ay laissé sanglant, porté par des soldats,
Et Xipharés en pleurs accompagne leurs pas.

MONIME.

Xipharés! Ah grands Dieux! Ie doute si ie veille,
Et n'ose qu'en tremblant en croire mon oreille.

G ij

MITHRIDATE,

Xipharés vit encor ? Xipharés, que mes pleurs...

ARBATE.

Il vit chargé de gloire, accablé de douleurs.
De sa mort en ces lieux la nouuelle semée
Ne vous a pas vous seule, & sans cause allarmée.
Les Romains, qui par tout l'appuyoient par des cris,
Ont par ce bruit fatal glacé tous les esprits.
Le Roy trompé luy-mesme en a versé des larmes,
Et desormais certain du malheur de ses armes,
Par vn rebelle Fils de toutes parts pressé,
Sans espoir de secours tout prest d'estre forcé,
Et voyant pour surcroist de douleur & de haine
Parmy ses Estendars porter l'Aigle Romaine ;
Il n'a plus aspiré qu'à s'ouurir des chemins,
Pour éuiter l'affront de tomber dans leurs mains.
D'abord il atenté les atteintes mortelles
Des Poisons que luy-mesme a crus les plus fidelles.
Il les a trouuez tous sans force & sans vertu.
Vain secours, a-t'il dit, *que j'ay trop combattu!*
Contre tous les poisons soigneux de me défendre,
J'ay perdu tout le fruit que j'en pouuois attendre.
Essayons maintenant des secours plus certains,
Et cherchons vn trépas plus funeste aux Romains.
Il parle, & défiant leurs nombreuses Cohortes
Du Palais, à ces mots, il leur ouure les Portes.
A l'aspect de ce front, dont la noble fureur
Tant de fois dans leurs rangs répandit la terreur,
Vous les eussiez veûs tous, retournant en arriere,
Laisser entre-eux & nous vne large carriere,
Et déja quelques-vns couroient épouuantez,
Iusques dans les vaisseaux qui les ont apportez.

TRAGEDIE.

Mais le diray-je, ô Ciel? rassurez par Pharnace,
Et la honte en leurs cœurs réueillant leur audace,
Il reprennent courage, ils attaquent le Roy,
Qu'vn reste de soldats défendoit auec moy.
Qui pourroit exprimer, par quels faits incroyables,
Quels coups, accompagnez de regards effroyables,
Son bras se signalant pour la derniere fois,
A de ce grand Heros terminé les exploits ?
Enfin las, & couuert de sang & de poussiere,
Il s'estoit fait de morts vne noble barriere.
Vn autre Bataillon s'est auancé vers nous.
Les Romains, pour le joindre, ont suspendu leurs coups.
Ils vouloient tous ensemble accabler Mithridate.
Mais luy, *C'en est assez*, m'a-t'il dit, *cher Arbate,
Le sang, & la fureur m'emportent trop auant.
Ne liurons pas sur tout Mithridate viuant.*
Aussi-tost dans son sein il plonge son épée.
Mais la mort fuit encor sa grande Ame trompée.
Ce Heros dans mes bras est tombé tout sanglant,
Foible, & qui s'irritoit contre vn trépas si lent.
Et se plaignant à moy de ce reste de vie,
Il souleuoit encor sa main appesantie,
Et marquant à mon bras la place de son cœur,
Sembloit d'vn coup plus seûr implorer la faueur.
 Tandis que possedé de ma douleur extrême
Ie songe bien plûtost à me percer moy-même.
De grands cris ont soudain attiré mes regards.
I'ay veû, qui l'auroit crû ? j'ay veû de toutes parts,
Vaincus, & renuersez les Romains, & Pharnace,
Fuyant vers leurs vaisseaux abandonner la place,
Et le Vainqueur vers nous s'auançant de plus prés,
A mes yeux éperdus a monstré Xipharés.

G iij

MONIME.
Iuſte Ciel!

ARBATE.
Xipharés, qu'vne Troupe rebelle,
Qui craignoit ſon courage, & connoiſſoit ſon zele,
Malgré tous ſes efforts auoit enueloppé ;
Mais qui d'entre leurs bras à la fin échappé,
Forçant les plus mutins, & regagnant le reſte,
Heureux & plein de joye en ce moment funeſte,
A trauers mille morts, ardant, victorieux,
S'eſtoit fait vers ſon Pere vn chemin glorieux.
Iugez de quelle horreur cette joye eſt ſuiuie.
Son bras aux piez du Roy l'alloit jetter ſans vie.
Mais on court, on s'oppoſe à ſon emportement.
Le Roy m'a regardé dans ce triſte moment,
Et m'a dit d'vne voix qu'il pouſſoit auec peine,
S'il en eſt temps encor, cours, & ſauue la Reine.
Ces mots m'ont fait trébler pour vous, pour Xipharés.
I'ay craint, j'ay ſoupçonné quelques ordres ſecrets.
Tout laſſé que j'eſtois ma frayeur, & mon zele
M'ont donné pour courir vne force nouuelle,
Et malgré nos malheurs, je me tiens trop heureux
D'auoir paré le coup, qui vous perdoit tous deux.

MONIME.
Ah ! Que de tant d'horreurs juſtement eſtonnée,
Ie plains de ce grand Roy la triſte deſtinée !
Helas ! Et pluſt aux Dieux, qu'a ſon ſort inhumain
Moy-meſme j'euſſe pû ne point preſter la main,
Et que ſimple témoin du malheur qui l'accable
Ie le puſſe pleurer ſans en eſtre coupable !
Il vient. Quel nouueau trouble excite en mes eſprits
Le ſang du Pere, ô Ciel ! & les larmes du Fils !

SCENE DERNIERE.

MITRHRIDATE, MONIME,
XIPHARES, ARBATE, ARCAS,
Gardes, *qui soûtiennent Mithridate.*

MONIME.

AH que vois-je, Seigneur ? Et quel sort est le
voſtre !

MITHRIDATE.

Ceſſez, & retenez vos larmes l'vn & l'autre.
Mon sort, de ſa tendreſſe, & de voſtre amitié
Veut d'autres ſentimens que ceux de la pitié ;
Et ma gloire plûtoſt digne d'eſtre admirée
Ne doit point par des pleurs eſtre deshonorée.
I'ay vangé l'Vniuers autant que je l'ay pu.
La Mort dans ce projet m'a ſeule interrompu.
Ennemy des Romains, & de la Tyrannie,
Ie n'ay point de leur joug ſuby l'ignominie.
Et j'oſe me flatter, qu'entre les Noms fameux,
Qu'vne pareille haine a ſignalez contre-eux,
Nul ne leur a plus fait acheter la victoire,
Et de jours malheureux plus remply leur Hiſtoire.
Le Ciel n'a pas voulu, qu'acheuant mon deſſein
Rome en cendre me viſt expirer dans ſon ſein.
Mais au moins quelque joye en mourant me conſole.
I'expire enuironné d'Ennemis, que j'immole.

MITHRIDATE,

Dans leur sang odieux j'ay pu tremper mes mains.
Et mes derniers regards ont veû fuir les Romains.
   A mon Fils Xipharés je doy cette fortune.
Il espargne à ma mort leur présence importune.
Que ne puis-je payer ce seruice important
De tout ce que mon trône eût de plus éclattant !
Mais vous me tenez lieu d'Empire, de Couronne.
Vous seule me restez. Souffrez que je vous donne ;
Madame, & tous ces vœux que j'exigeois de vous,
Mon cœur pour Xipharés vous les demande tous.

MONIME.

Viuez, Seigneur, viuez, pour nous voir l'vn & l'autre
Sacrifier toûjours nostre bonheur au vostre.
Viuez, pour triompher d'vn Ennemy vaincu,
Pour vanger...

MITHRIDATE.

      C'en est fait, Madame, & j'ay vescu.
Mon Fils, songez à vous. Gardez-vous de prétendre
Que de tant d'Ennemis vous puissiez vous défendre.
Bien-tost tous les Romains de leur honte irritez
Viendront icy sur vous fondre de tous costez.
Ne perdez point le temps, que vous laisse leur fuite,
A rédre à mon Tombeau des soins, dót je vous quitte.
Tant de Romains sans vie, en cent lieux dispersez
Suffisent à ma Cendre, & l'honnorent assez.
Cachez-leur pour vn temps vos noms, & vostre vie.
Allez, reseruez-vous...

XIPHARES.

      Moy, Seigneur, que je fuye ?
Que Pharnace impuny, les Romains triomphans
N'éprouuent pas bien-tost...

TRAGEDIE.

MITHRIDATE.

Non, je vous le défens.
Tost ou tard il faudra que Pharnace perisse.
Fiez-vous aux Romains du soin de son supplice.
Le Parthe, qu'ils gardoient pour triomphe dernier,
Seul encor sous le joug refuse de plier;
Allez le joindre. Allez chez ce Peuple indomptable
Porter de mon debris le reste redoutable.
I'espere, & je m'en forme vn présage certain,
Que leurs Champs bien-heureux boiront le sang Romain;
Et si quelque vangeance à ma mort est promise,
Que c'est à leur valeur que le Ciel l'a remise.
Mais je sens affoiblir ma force, & mes esprits.
Ie sens que ie me meurs. Approchez-vous, mon Fils.
Dans cet embrassement, dont la douceur me flate,
Venez, & receuez l'ame de Mithridate.

MONIME.

Il expire!

XIPHARES.

Ah, Madame! Vnissons nos douleurs,
Et par tout l'Vniuers cherchons luy des Vangeurs.

FIN.

www.ingramcontent.com/pod-product-compliance
Lightning Source LLC
LaVergne TN
LVHW050602090426
835512LV00008B/1295